Fé no Futuro

Stephen R. Covey

Fé no Futuro

Seleção, organização e prefácio de
LUCIANO ALVES MEIRA
FranklinCovey Brasil

Tradução de
CLÁUDIA GERPE DUARTE

1ª edição

RIO DE JANEIRO – 2015

CIP-BRASIL. CATALOGAÇÃO NA FONTE
SINDICATO NACIONAL DOS EDITORES DE LIVROS, RJ

Covey, Stephen R. 1932-2002
C914f   Fé no futuro / Stephen R. Covey; tradução Cláudia
1ª ed.   Gerpe Duarte. – 1ª ed. – Rio de Janeiro: Best Business, 2015.
14 × 21cm.

Tradução de: Faith in the Future
ISBN 978-85-68905-09-8

1. Negócios. 2. Administração. I. Título.

CDD: 650
14-16611   CDU: 65

Fé no futuro, de autoria de Stephen R. Covey.
Texto revisado conforme o Acordo Ortográfico da Língua Portuguesa.
Primeira edição impressa em outubro de 2015.
Título original norte-americano:
FAITH IN THE FUTURE

Copyright © FranklinCovey Company.
Copyright da tradução © by Editora Best Seller Ltda.
Todos os direitos reservados. Proibida a reprodução, no todo ou em parte, sem autorização prévia por escrito da editora, sejam quais forem os meios empregados.

Design de capa: Mariana Taboada.

Direitos exclusivos de publicação em língua portuguesa para o Brasil adquiridos pela Best Business, um selo da Editora Best Seller Ltda. Rua Argentina 171 – 20921-380 – Rio de Janeiro, RJ – Tel.: 2585-2000 que se reserva a propriedade literária desta tradução.

Impresso no Brasil

ISBN 978-85-68905-09-8

Sumário

Prefácio por Luciano Alves Meira • 7
1. Introdução (O Norte verdadeiro) • 11

Parte 1 Vitória particular

2. Grandeza primordial • 19
3. O princípio do aprendizado contínuo • 23
4. Mudança conscienciosa • 33
5. Primeiro o mais importante • 43
6. Qualidade de vida • 53
7. Tome a iniciativa • 59

Parte 2 Vitória pública

8. Primeiro, deixe-se influenciar • 65
9. O poder das afirmações • 75
10. Acordos de desempenho • 81
11. A ética da total integridade • 91

Parte 3 Organização

12. As chaves da transformação • 103
13. Cultura adaptativa • 115
14. Sete chaves para o desempenho • 127
15. Fé no futuro • 135

Sobre a FranklinCovey Brasil • 141

Prefácio à edição brasileira
O legado do Dr. Stephen R. Covey para a nova geração de líderes

No final da década de 1980, o mundo avançava a passos largos na estrada que veio a ser conhecida como Globalização. Com a queda do Muro de Berlim, símbolo do enfraquecimento da resistência ao capitalismo, os Estados Unidos estavam no auge de sua influência política e econômica mundial.

Era natural que as práticas empresariais, as políticas organizacionais e o pensamento sobre a produtividade norte-americanos fossem icônicos e se espalhassem por toda parte, por meio de cursos, palestras, consultoria, ações de marketing e congêneres.

Como se veria em uma série de escândalos que viriam à tona na década seguinte, muitos conglomerados empresariais apostavam, então, em uma prosperidade a ser conquistada a qualquer preço. *Os fins justificam os meios* era um slogan implícito a guiar grande parte das decisões corporativas.

Foi nessa conjuntura que o Dr. Stephen R. Covey publicou, em 1989, aquele que seria o seu maior best-seller em vida, fruto de décadas de pesquisa: *Os 7 hábitos das pessoas altamente eficazes*, obra de sucesso excepcionalmente duradouro e que até hoje figura nas listas dos mais vendidos em dezenas de países. Não cabe aqui resumi-la, mas desejo realçar dois de seus atributos essenciais. O primeiro foi habilmente explicado pelo pesquisador e escritor Jim Collins, especializado no tema da excelência organizacional. Collins percebeu que o Dr. Covey realizou uma revolução na área do Desenvolvimento Humano: "Para mim, ele fez pela eficácia pessoal o mesmo que a interface gráfica de usuário fez pelos computadores pessoais. Antes da Apple e da Microsoft, poucas pessoas podiam usar computadores no dia a dia; não havia uma interface fácil de usar (...)." Da mesma forma, acumulamos centenas de anos de sabedoria sobre eficácia pessoal, de Benjamin Franklin a Peter Drucker, mas até então esse tema nunca havia sido reunido em uma estrutura coerente e de fácil aplicação. Covey criou um sistema operacional padrão e de fácil uso — um Windows — para a eficácia pessoal.

O segundo aspecto que desejo realçar é o fato de esse sistema extraordinário, tão útil para milhões de pessoas, está firmado sobre princípios intemporais, ideia que se contrapõe plenamente à filosofia que busca resultados a qualquer custo. Pode-se dizer que, nesse sentido, a obra do Dr. Covey foi uma manifestação de contracultura dentro e fora dos Estados Unidos naquela conjuntura específica. Ao postular, por exemplo, que relacionamentos são mais importantes do que metas, que o Norte verdadeiro das organizações deve passar por um exercício robusto de consciência, que a verdadeira grandeza de indivíduos e organizações não pode se estabelecer por meio de comparações, que a cooperação produz mais eficácia que a competição, e que o equilíbrio dos papéis pessoais e profissionais deve prevalecer na vida de todo trabalhador de modo a gerar sustentabilidade e crescimento contínuos, o Dr. Covey estava afrontando as ideias comuns, reducionistas, de que vivemos em uma realidade competitiva, em que só poucos podem enriquecer à custa do sacrifício de muitos. Talvez por isso, a obra tenha levado dois anos para ganhar a devida projeção no mercado editorial. Quando fiz um curso de extensão organizado e ministrado por professores da Universidade de Berkeley, em 1995, em São Paulo, recebi a indicação para ler o livro, que então já gozava de larga popularidade nos Estados Unidos. Sua leitura mudou minha vida de muitas formas.

Ora, nessa mesma época, o Dr. Covey passou a ser convidado a escrever artigos para diversas revistas e meios especializados em gestão. Por serem datados, artigos sobre gestão podem perder sua atualidade com o passar dos anos, mas o leitor perceberá de imediato que esse não é o caso dos textos reunidos em *Fé no futuro*, que reúne artigos publicados na revista *Executive Excellence* em 1995 e 1996. O que temos aqui são algumas referências naturais a fatos históricos da década de 1990 e o uso de um ou outro jargão de gestão daquela época que figura apenas como um contexto. Ainda hoje, o que brilha são os temas intemporais dos quais Dr. Covey sempre gostou de tratar, discutidos com grande vitalidade, fornecendo reflexão e orientação atualíssimas para o leitor, trazendo para as novas gerações de líderes um legado imperioso no século XXI.

O título da obra, que sugeri à editora, *Fé no futuro*, reflete bem esse legado. Conheci o Dr. Covey pessoalmente, e ele sempre foi um otimista com os pés no chão. Sabia que provocar nas pessoas uma mudança de paradigma não seria uma tarefa fácil, mas sim um projeto para gerações. E foi com muita fé no futuro que ele realizou o seu trabalho. Os fundamentos de sua fé encontram-se nas páginas a seguir.

Luciano Alves Meira
Vice-presidente da FranklinCovey Brasil
www.franklincovey.com.br

1. Introdução
O Norte verdadeiro

Stephen R. Covey
Julho de 1996

Certa vez perguntaram-me em uma entrevista: "Como você se tornou Stephen R. Covey?" Dei uma resposta sincera: "Nasci para isso."

Quis dizer que devo muito a meus pais e avós — à minha tradição. Fui criado com o sentimento de que a vida é uma missão, não uma carreira. Essa ideia é do meu avô, Stephen L. Richards. Ele me ensinou a teoria e foi um exemplo: você nasce para trazer uma contribuição. Fui criado para acreditar que tudo na minha jovem vida era um preparo para uma contribuição futura.

A primeira vez em que tive uma ideia da minha possível contribuição pessoal foi quando servi como missionário na Inglaterra e na Irlanda. Eu estava no país havia cerca de cinco meses apenas quando o presidente da minha missão me perguntou: "Você deixaria a sua evangelização e aceitaria a incumbência de treinar todos os líderes locais da Igreja?" Fiquei sensibilizado e surpreso com o pedido, mas cresci tremendamente naquela função.

Antes da minha experiência na missão, eu havia planejado trabalhar no negócio da família. No entanto, essa experiência com treinamento de líderes me afetou tão profundamente que se tornou um divisor de águas na minha vida.

O LADO HUMANO

Mais tarde, quando cursei a Harvard Business School, fiquei fascinado com o lado humano (e não com o lado técnico ou financeiro) dos negócios. Então, juntei as duas coisas: "Treinar líderes no lado humano." Comecei a lecionar, a dar palestras e prestar consultoria sobre as obras *Os 7 hábitos das pessoas altamente eficazes* e *Liderança baseada em princípios*, e pensei: "Quero levar isto para o mundo."

Escrevi *Os 7 hábitos das pessoas altamente eficazes* em resposta a muitas solicitações de material. Não sou um escritor tão bom assim. Já fui arrasado pelos críticos literários. Mas escrevo para fazer bem às pessoas, não para impressioná-los.

Acho que o impulso de começar a minha própria empresa, a Covey Leadership Center, veio do meu outro avô, Stephen M. Covey, que tinha instinto empreendedor e coragem. Ele fundou a rede de hotéis Little America por causa de uma promessa feita a Deus — que se Ele salvasse sua vida na noite em que se perdeu no deserto de Wyoming com seus carneiros, ele construiria um abrigo para viajantes exatamente naquele local. E meu avô cumpriu a promessa. Portanto, meus dois avôs foram poderosas fontes de inspiração.

Além disso, meus pais apoiavam-me de forma inacreditável. Sabiam que eu nunca faria nada de muito errado e, por isso, confiavam em mim e me amavam incondicionalmente.

Quando fundei a minha empresa, tinha consciência o bastante para saber que precisava de uma equipe complementar. Veja bem, não gosto de gerenciar um negócio. Gosto de escrever, ensinar e dar palestras. Assim, organizei tudo para que outras pessoas administrassem o que criei. Na verdade, meu filho Stephen ocupa hoje o cargo de presidente.

Se você for autoconsciente, pode recriar-se a qualquer momento. O senso de missão vem até você. Basta detectá-lo. Em vez de se perguntar: "O que eu quero da vida?", deveria se perguntar: "O que a vida quer de mim?" São perguntas muito diferentes.

Uma vez que você tenha refletido sobre essa questão, vá em frente, crie metas e faça planos.

Acredito que, na vida, é necessário ter um relógio e uma bússola. O relógio lhe diz "a hora", uma noção da realidade atual, mas a bússola o torna consciente da missão e da direção, um conjunto de princípios norteadores, "Nortes verdadeiros", nos quais você pode basear a sua existência. De acordo com o Norte verdadeiro, deve-se conhecer o seu propósito na sua família, no seu negócio e em qualquer outro papel que possa desempenhar. Depois, você deve viver de acordo com esse propósito. Todo mundo acredita no mesmo conjunto básico de princípios universais. As ideias de integridade, família e serviço, por exemplo, estão em sintonia com todas as culturas e sistemas de crenças. Esses são valores e princípios que têm um "Norte verdadeiro".

Se você ocupa uma posição de liderança, precisa fazer com que todos os membros do grupo concordem com seu propósito e seus princípios operacionais básicos. Esta é a chave do sucesso — ser autoconsciente, descobrir sua missão e recriar a si mesmo nos momentos de transição.

A FAMÍLIA EM PRIMEIRO LUGAR

Hoje, fico em um estado reflexivo na metade do meu tempo. Mais uma vez, estou reinventando a minha vida. Tenho três novos livros em andamento. Um deles é *Os 7 hábitos das famílias altamente eficazes*. A unidade familiar é o elemento básico de toda a sociedade.

Durante nossas Semanas de Liderança, perguntamos aos executivos: "Qual é a coisa mais importante na sua vida?" A maioria responde que é a família. Em última análise, todos procedemos delas.

Sou um homem de família. Minha mulher e eu temos nove filhos e 23 netos. Todos são muito importantes para mim.

Acho que a declaração de missão da nossa família, desenvolvida por meio de um profundo envolvimento há cerca de 16 anos, resume os princípios que nos orientam. Nossa família deve: *ser um lugar protetor de fé, trabalho, verdade, amor, felicidade e relaxamento, e propiciar uma oportunidade para cada pessoa se tornar independente e interdependente de forma responsável e eficaz, a fim de cumprir propósitos dignos na sociedade.*

Hoje, vejo que meus filhos vivem essa mesma declaração de missão, tentando ser uma parte da solução a serviço da comunidade e de um poder mais elevado.

No livro *Primeiro o mais importante*, afirmo: "Primeiro, estipule sua declaração de missão. E depois, em cada um de seus papéis — na família, nos negócios, na igreja — estabeleça o que você gostaria de fazer. Depois, ponha isso em ação definindo metas e programação."

Não que você esteja limitado pela programação. Não é do seu interesse negligenciar funções familiares em prol do trabalho. E tampouco é vantajoso negligenciar os negócios em prol da família. É preciso ter equilíbrio em todas as áreas.

O gerenciamento tradicional do tempo nos ensina a priorizar apenas atividades diárias urgentes. Em contrapartida, temos uma "bússola" que nos ajuda a organizar semanalmente a vida em torno de nossa missão, dos papéis e metas. A perspectiva semanal permite-lhe dar um passo para trás e avaliar o que é realmente importante para você.

A liderança da vida começa com a criação de uma declaração de missão e a definição de seus vários papéis e metas.

Este artigo foi publicado originalmente na revista *Executive Excellence*, com o título "True North Direction". (*N. do E.*)

Parte 1

Vitória particular

2. Grandeza primordial

Stephen R. Covey
Janeiro de 1996

Os traços positivos da personalidade, embora não raro essenciais para o sucesso, constituem uma grandeza secundária. Priorizar a personalidade e não o caráter é como tentar fazer uma árvore crescer sem as raízes.

Se usarmos sistematicamente técnicas e habilidades da personalidade para expandir nossas interações sociais, poderemos truncar a base vital do caráter. Simplesmente não há frutos sem raízes. A vitória particular precede a vitória pública. O autodomínio e a autodisciplina são as bases de caráter do bom relacionamento com os outros.

Se usarmos estratégias e táticas de influência humana para induzir outras pessoas a fazerem o que nós queremos, poderemos ser bem-sucedidos em curto prazo; no entanto, com o tempo, nossa duplicidade e falta de sinceridade produzirão desconfiança. Tudo o que fizermos será percebido como manipulativo.

Podemos ter a retórica "certa", o estilo "correto" e, até mesmo, a intenção "adequada", mas sem a confiança do outro não alcançaremos a grandeza primordial.

Em um sistema social ou acadêmico, você pode conseguir se virar caso aprenda a "jogar o jogo". Pode causar uma boa primeira impressão por meio do charme e vencer por meio da intimidação. Mas os traços secundários da personalidade, por si sós, não têm valor permanente nas relações duradouras. Se não houver uma profunda integridade e força de caráter, os verdadeiros motivos, com o tempo, virão à tona e os relacionamentos entrarão em colapso.

Muitas pessoas com uma grandeza secundária — status social, posição, fama, riqueza ou talento — carecem da grandeza primordial ou da excelência de caráter. E essa lacuna é evidente em todos os seus relacionamentos longos, sejam com um sócio nos negócios, um cônjuge, um amigo ou um filho adolescente. Dentre todas as coisas, é o caráter que se comunica com mais eloquência.

O lugar onde devemos começar a construir qualquer relacionamento é dentro de nós mesmos, de nosso círculo de influência e de nosso próprio caráter. Quando nos tornamos independentes — proativos, centrados em princípios corretos, orientados por valores e capazes de organizar e executar as atividades em torno das prioridades da nossa vida com integridade —, podemos escolher tornar-nos interdependentes: capazes de formar relacionamentos produtivos e duradouros com outras pessoas.

TRÊS TRAÇOS DE CARÁTER

Os três traços de caráter apresentados a seguir são essenciais para a grandeza primordial.

- *Integridade.* À medida que identificamos claramente nossos valores e organizamos e executamos as atividades proativamente em torno das prioridades, desenvolvemos tanto a autoconsciência quanto o valor pessoal ao assumirmos e cumprirmos promessas e compromissos significativos. Se não pudermos fazer isso, nossa palavra torna-se inexpressiva.
- *Maturidade.* Se uma pessoa consegue expressar seus sentimentos e suas convicções equilibrando *coragem* com *consideração* pelos sentimentos e as convicções dos outros, ela é considerada madura. Se carecer de maturidade interior e força emocional, a pessoa pode tentar extrair força da sua posição, de seu poder, suas credenciais, seu tempo de experiência ou suas associações.
- *Mentalidade de abundância.* A mentalidade de abundância — a ideia de que existe bastante para todo mundo — emana de um profundo sentimento de valor e segurança pessoais. Ela resulha no compartilhamento de lucros, reconhecimento e responsabilidade. Abre novas opções e alternativas criativas. Essa mentalidade externa a alegria e a realização pessoais. Reconhece possibilidades ilimitadas para a interação positiva, o crescimento e o desenvolvimento.

Ao oferecermos boa vontade aos outros, recebemos em troca mais boa vontade. Ao apoiarmos as pessoas e acreditarmos em sua capacidade de crescer e melhorar, ao abençoarmos, mesmo quando nos rogam pragas ou nos julgam — incorporamos a grandeza primordial à nossa personalidade e ao nosso caráter.

Este artigo foi publicado originalmente na revista *Executive Excellence*, com o título "Primary Greatness". (*N. do E.*)

3. O princípio do aprendizado contínuo

Stephen R. Covey
Abril de 1995

Baseie sua prática de aprendizado contínuo nas organizações no princípio da melhora e do progresso pessoais.

Estamos sempre discutindo a necessidade da "educação contínua" no contexto da qualidade total, mas raramente falamos dela como um princípio norteador da vida.

Eu argumentaria que, independentemente do nosso trabalho, todos temos a obrigação moral de aprender e progredir. E o aprendizado verdadeiro, para toda a vida, está mais relacionado com breves sessões de estudo cotidianas e pequenas doses de treinamento prático relevante do que com grandes campanhas e programas, títulos e credenciais acadêmicos.

O princípio do equilíbrio é a chave para o aprendizado contínuo. Recomendo o equilíbrio entre o desenvolvimento pessoal e organizacional; entre necessidades profissionais e exigências futuras; entre o aprendizado relacionado com o setor particular e a educação em geral. Tome medidas para que sua abordagem seja sistemática e baseada no feedback que você recebe, tanto na esfera pessoal quanto na profissional. Seu aprendizado deve equilibrar teoria e prática, arte e ciência.

Certifique-se também de que seu aprendizado e seu desenvolvimento sejam motivados pelo desejo de prestar um serviço maior. Essa "intenção virtuosa", como Adam Smith a chamou no seu livro *Teoria dos sentimentos morais* (publicado originalmente em 1759), é fundamental para o empreendedorismo moral. Muitas organizações exploram o conhecimento e o treinamento das pessoas; do mesmo modo, muitos funcionários se aproveitam do treinamento e da oportunidade de instrução oferecidos pelas organizações. Essa atividade de "bater e fugir" é dispendiosa para ambas as partes. Por conseguinte, existe uma responsabilidade mútua. As empresas investem consideravelmente no aprendizado e desenvolvimento de recursos humanos. Acredito que as pessoas que se beneficiam dos programas de treinamento corporativo deveriam permanecer na empresa por um período suficiente para que haja um retorno do investimento.

Adam Smith fala a respeito das "energias virtuosas" que precisam ser empregadas pelas pessoas e organizações. É necessário que os dois lados sintam uma responsabilidade mútua um pelo outro. Para que o sistema de livre-iniciativa funcione adequadamente, segundo Smith, "todas as relações econômicas precisam estar baseadas na virtude interna individual" e em "um interesse mútuo de um pelo outro".

RESPONSABILIDADE CORPORATIVA

Quando avalio as necessidades das corporações, vejo com clareza que simplesmente não podemos competir sem criar uma cultura de aprendizado contínuo, incluindo profissionais de conhecimento que estejam continuamente aprimorando habilidades e atualizando a tecnologia.

Meu palpite é que cerca de 20 por cento da força de trabalho atual esteja obsoleta. E daqui a dez anos, outros 20 por cento poderão estar obsoletos se não superarmos a norma cultural de que a educação chega ao fim quando a vida escolar termina. Precisamos de um profundo e contínuo compromisso com o desenvolvimento pessoal e profissional.

Horst Schulze, presidente da rede de hotéis Ritz-Carlton, defende o treinamento diário. Ele acredita que o treinamento uma vez por mês não é eficaz; as pessoas precisam aprender algo novo todos os dias. Em várias das propriedades da rede, os gerentes dos hotéis leem e discutem, todos os meses, a revista *Executive Excellence*. Eles têm breves sessões de treinamento diário no trabalho, e a maioria desses encontros é um diálogo interativo que envolve toda a equipe. Todos os dias, os gerentes dos hotéis adaptam as mensagens que recebem da matriz da empresa às necessidades de seu time. Esse treinamento sistemático de todo o grupo de trabalho deve ser muito elogiado.

Imagino que Horst Schulze deva ouvir com frequência que esse treinamento é excessivamente dispendioso. Entretanto, tendo em vista a constante transformação do mundo em que vivemos, muito mais dispendioso, sem sombra de dúvida, seria não fazê-lo. Creio que qualquer análise custo-benefício mostraria um resultado favorável ao treinamento e instrução contínuos.

Mesmo assim, a maior parte dos executivos não está interessada no treinamento e desenvolvimento sistemáticos. Como consequência, seus funcionários, produtos e organizações correm o risco de se tornar obsoletos; eles também se mostram inseguros à medida que o ambiente competitivo torna a sua organização ultrapassada.

Hoje em dia, a segurança não reside mais no velho contrato psicológico do emprego vitalício. A segurança reside na habilidade de produzir continuamente o que o mercado deseja, e esses desejos mudam o tempo todo. A menos que as pessoas aprendam, mudem, cresçam e progridam para acomodar o mercado, não poderá haver segurança. Ela reside no poder de aprender continuamente.

A RESPONSABILIDADE PESSOAL

O indivíduo precisa assumir, pessoalmente, a responsabilidade por seu desenvolvimento profissional, em vez de atribuí-la à organização. A pessoa proativa verá a organização como um recurso, e também como uma fonte de feedback com relação ao aprendizado que é mais relevante. Mas é o indivíduo que precisa fazer com que as coisas aconteçam.

À medida que pessoas proativas assumem mais responsabilidade pelo próprio aprendizado e desenvolvimento profissional, começam a encarar a organização como um recurso adicional. Não transferem a responsabilidade principal para a empresa. Não esperam que as organizações em que trabalham forneçam gratuitamente todo o aprendizado e treinamento necessários para que se destaquem na sua função; no entanto, aproveitam ao máximo o treinamento relevante quando ele é oferecido, e retribuem à instituição fazendo importantes contribuições de valor agregado.

A empresa pode ajudar somente até certo ponto; o resto cabe à pessoa. Enquanto indivíduos, devemos levar em consideração as necessidades da organização no nosso programa de desenvolvimento pessoal e profissional; caso contrário, poderemos estar nos desenvolvendo pelos motivos errados ou no momento errado. Nossa evolução pessoal deve ser relevante para a economia, para o setor, para a companhia e para a função que exercemos.

Mas também precisamos progredir em um sentido geral para evitar que fiquemos obsoletos caso a empresa em que trabalhamos ou nossa função se torne ultrapassada. Se nosso desenvolvimento estiver excessivamente relacionado ao cargo, ficaremos mais vulneráveis às forças do mercado. Embora precisemos ser especialistas competentes em nossa função atual, também devemos começar e manter um programa pessoal de "educação genérica".

Acredito que a melhor maneira de fazer isso seja em sessões de uma a duas horas diárias. Também precisamos fazer, um dia por mês, um treinamento que esteja sistemática e conceitualmente em harmonia não apenas com nossa atividade no momento, mas também com nossa futura contribuição. Em média, uma vez por mês, faço um treinamento pessoal e também reservo de uma a duas horas por dia para minha educação genérica.

OPÇÕES DE DESENVOLVIMENTO

Entre as opções de aprendizado relacionadas com a profissão disponíveis para a maioria das pessoas, estão as seguintes:

- *Habilidades de pesquisa de análise e síntese.* Os profissionais do conhecimento, até mesmo no chão de fábrica, precisam aprimorar suas habilidades de raciocínio, especialmente no que diz respeito a reunir, analisar e sintetizar informações. Em um projeto particular na nossa empresa, por exemplo, uma análise superficial indicou um enorme mercado para determinado produto. No entanto, uma pessoa treinada em reunir e analisar informações chegou a uma conclusão diferente em questão de horas. Logo, ficou claro que o mercado não era tão grande para aquele produto específico.
- *Programas de MBA.* Leio frequentemente a respeito de profissionais ativos que voltam a estudar para obter um diploma de MBA devido à natureza inconstante do setor em que trabalham. Os programas de MBA também estão mudando. O de Harvard, por exemplo, está passando por importantes transformações, à medida que os gestores e o corpo docente gradualmente se adaptam ao feedback dos graduados e dos seus funcionários a fim de tornar o aprendizado mais relevante para as necessidades do local de trabalho. Existem muitas críticas infundadas ao treinamento do MBA. Três dos meus filhos — Stephen, Sean e David — têm um diploma de MBA da Harvard Business School, e eles agora trabalham comigo na Covey Leadership

Center. Devido ao seu treinamento de MBA, cada um deles é altamente competente em assimilar e analisar situações. Portanto, é proveitoso ter essa base, porque a capacidade de pensar, aprender e conceituar é ainda mais importante do que o conhecimento. Aqueles que têm essa habilidade progridem, naturalmente, com grande rapidez. É como se eles pisassem em uma dessas esteiras rolantes dos aeroportos. Conseguem encarar qualquer situação que possa surgir e começar a pensar conceitualmente a respeito do contexto mais amplo, porque tiveram centenas de casos que lhes ensinaram como fazer isso.

- *Programa de leitura pessoal.* Os executivos experientes descobrem que a educação e o treinamento que receberam no passado distante não são suficientes. Recomendo que se mantenham atualizados lendo regularmente a revista *Executive Excellence*, bem como a *Harvard Business Review*, a *Fortune* e outras publicações que apresentam uma análise detalhada da situação das empresas. Recomendo também a leitura de algumas revistas e jornais semanais, como a *Business Week* e o *Wall Street Journal*. Uma análise crítica dos melhores livros lançados sobre negócios e liderança também é fundamental. Esse tipo de leitura precisa fazer parte da vida cotidiana de todo executivo. Eu poderia fazer isso de maneira mais sistemática se fosse mais escrupuloso, mas faço leitura dinâmica de cerca de vinte livros por semana para permanecer atualizado em minha área.

- *Análise crítica da literatura clássica.* Outra parte do programa de aprendizado dos executivos deve ser a exposição à literatura clássica. Sinto que fui desleal comigo mesmo quando cursei a faculdade, de maneira que estou tentando compensar agora. Dois dos meus filhos especializaram-se em língua inglesa e estudaram os clássicos. Consigo perceber como isso lhes conferiu perspectiva e sabedoria. Por isso, agora presto mais atenção à literatura clássica e decididamente recomendo que outros executivos façam o mesmo.

- *Programas de desenvolvimento executivo.* Várias universidades têm excelentes programas de desenvolvimento executivo. Respeito, por exemplo, os programas de Harvard, Michigan e Stanford, entre outros. Em sua maioria, os professores desses programas são teóricos que também exercem a profissão, de modo que têm equilíbrio. Quase todos os alunos desses programas são executivos qualificados que contribuem para as discussões graças à sua vasta experiência. Além disso, os programas de desenvolvimento executivo oferecidos por algumas empresas de desenvolvimento da liderança estão no mesmo nível dos melhores cursos que as universidades oferecem.
- *Universidades pessoais.* Alguns executivos optam por ter um corpo docente particular — pessoas que os ensinam, aconselham ou educam. Nessas sessões, eles recebem muito feedback e atenção individual de profissionais com diferentes perspectivas. Executivos inteligentes incentivam seus mentores a se expressarem em discussões para aprender com eles e gerar sinergia. Acredito que mais executivos estejam compreendendo que a diversidade e a sinergia encerram uma grande força.

No mundo de hoje, aquele que é proativo pode assumir a responsabilidade pessoal pelo próprio aprendizado e desenvolvimento profissional, constituindo sua própria universidade particular, tornando-se o próprio chefe de departamento ou reitor, criando um programa e organizando recursos de aprendizado em torno de necessidades atualizadas e projetadas.

Este artigo foi publicado originalmente na revista *Executive Excellence*, com o título "The Principle of Continuous Learning". (N. do E.)

4. Mudança conscienciosa

Stephen R. Covey
Fevereiro de 1995

Se você espera que seus esforços de mudança melhorem a qualidade, a produtividade e a lucratividade, é preciso ajudar as pessoas a assumirem a responsabilidade pelos resultados.

Quando falamos a respeito de reforma na saúde, na assistência social, no processo ou de reforma pessoal, uma coisa é certa: tudo o que tire do indivíduo a responsabilidade de direcionar e alcançar as metas da reforma acaba fracassando.

No entanto, quase toda tentativa de reforma desconsidera a liberdade de escolha das pessoas com relação ao modo de responder às iniciativas de seus superiores. Na realidade, muitos programas transferem as responsabilidades das tomadas de decisão para algum executivo de dentro da empresa ou para um especialista externo que acha que sabe das coisas. De início, o funcionário, individualmente, detesta a iniciativa, mas depois se acostuma e passa a depender dela. Desse modo, o resultado final é uma dependência institucionalizada, o beijo da morte de qualquer tentativa de mudança.

A reforma do sistema de saúde é um bom exemplo. Se realmente desejarmos uma reforma significativa do sistema de saúde, a profissão médica e todos os serviços sociais deveriam concentrar-se em prevenção, detecção, saúde e educação comunitárias. Enquanto a sociedade não valorizar essas ações preventivas, as medidas de reforma fracassarão porque o que resta é o diagnóstico e o tratamento das doenças. Se o indivíduo não aceitar a responsabilidade pessoal pela própria saúde e segurança, os custos continuarão a aumentar rapidamente. Os agentes da reforma do sistema de saúde, portanto, ficarão apenas discutindo os custos e debatendo quem irá cobri-los.

Quando fui à Rússia, fiquei impressionado com quanto a dependência institucional era difundida. Depois de setenta anos de comunismo, muitas pessoas tinham perdido os músculos da iniciativa. O senso de responsabilidade pessoal tinha se atrofiado. Muitos membros da geração anterior falavam até em voltar "àqueles bons e velhos dias".

Mais uma vez, a lição para os executivos é a seguinte: qualquer iniciativa (independentemente das boas intenções) que prive do indivíduo o senso de responsabilidade e transfira este último para o governo, uma corporação, pai ou mãe, ou para uma igreja, em última análise, está destinada a falhar.

É claro que muitas pessoas desejam uma "intervenção divina" na sua vida. Elas vivem como atores no palco, esperando e procurando algum *deus ex machina* — um dispositivo usado no teatro greco-romano no qual uma divindade (ou algum outro personagem) era levada ao palco por uma máquina (frequentemente de maneira muito artificial, improvável ou repentina) para intervir na ação, resolver uma situação ou mudar o rumo dos acontecimentos.

Muitas tentativas de reformulação falham porque a mudança é feita de fora para dentro, no estilo *deus ex machina*. Na realidade, muitos dos responsáveis pelas modificações veem as pessoas como máquinas, de modo que suas tentativas de reforma tendem a ser artificiais, improváveis e repentinas, em vez de naturais, verossímeis e ecologicamente equilibradas. Consequentemente, o indivíduo, que é o principal programador, não assume a responsabilidade pelo programa. Quando evitam a responsabilidade, as pessoas se tornam dependentes de velhas formas, de velhas funções e de alguns "velhos sectários" que, de alguma maneira, executam o trabalho.

Todas costumam resistir à reformulação, mesmo quando o novo processo está mais bem-ajustado aos clientes e às estruturas e sistemas da organização, simplesmente porque sua segurança pessoal é ameaçada. Por conseguinte, ocorre uma resistência individual e cultural a todo o esforço.

CIRURGIA, QUÍMICA, TECNOLOGIA

A melhora contínua baseada na disciplina interna é simplesmente lenta demais para muitas pessoas. Por isso, as escolhas mais populares são a cirurgia, a química e a tecnologia.

- *Cirurgia*. Muitas pessoas querem que um cirurgião venha do lado de fora e dê um jeito na situação. Não é de se estranhar que a cirurgia plástica seja uma escolha tão popular hoje em dia. Ela geralmente é chamada de enxugamento, redimensionamento, reestruturação ou reformatação. É claro que é difícil resistir a algo que todo mundo está fazendo. Suponha, por exemplo, que uma mulher tente perder peso seguindo uma dieta com pouca gordura e exercícios moderados. O progresso é lento. Nesse ínterim, duas de suas melhores amigas optam por se submeter a uma cirurgia no estômago para limitar a ingestão de alimentos. Elas perdem peso rapidamente e, assim que ficam magras, compram roupas novas e modernas, transformando seu estilo de vida. Agora, essa mulher quer fazer o mesmo que suas amigas — abandonar o caminho natural e obter resultados mais rápidos. Ela contempla a cirurgia bariátrica e diz: "Esta é a resposta", embora seja advertida de que "poderá haver graves consequências".

Se não houver outro jeito, ela talvez precise, de fato, se submeter à cirurgia para perder peso, recuperar a saúde e se sentir melhor. Situações drásticas podem requerer uma operação. Por esse motivo, não é interessante desconsiderar completamente a ideia.

- *Química*. Com o termo "química", refiro-me apenas a uma abordagem estimulante da melhora, usando motivação e liderança carismática. Peter Drucker fez, recentemente, uma arguta observação: "Este século talvez tenha sido o mais cruel e violento da história. Mas todas essas mortes, todos esses horrores infligidos à raça humana pelos 'carismáticos' homicidas deste século, como mostra claramente a visão retrospectiva, foram apenas o seguinte: matanças insensatas, horrores insensatos, 'som e fúria, sem nenhum significado.'"*

No nível pessoal, a química também pode se referir a várias formas de "dependência química", entre elas as drogas, as pílulas e as receitas paliativas.

- *Tecnologia*. Os executivos podem descobrir uma tecnologia de vanguarda que possibilite ultrapassar a concorrência por um breve período. Mas, quando a concorrência passa a ter acesso a essa tecnologia e começa a fazer as mesmas coisas, a vantagem competitiva se perde.

A única maneira de ter uma vantagem competitiva duradoura é criar uma cultura que produza continuamente uma nova tecnologia, promovendo o aprendizado e a inovação. A não ser que altos executivos estejam realmente envolvidos e que os costumes e as normas da cultura se concentrem em um aprendizado e uma melhora contínuos, os esforços de reformulação criarão apenas mais ceticismo a respeito da nova cirurgia, química ou tecnologia.

SABEDORIA INTERIOR

O corpo humano é uma metáfora do corpo corporativo. Como se sabe, *corpus*, o radical latino de corporação, significa "corpo". O corpo e a corporação precisam ser guiados pela mesma sabedoria interior.

A boa forma física é um ótimo exemplo. Existem muitos supostos especialistas capazes de lhe dizer como ficar em

---

*Esta é uma citação à obra *MacBeth*, de Shakespeare: "Sound and fury, signifying nothing". Ato V, Cena V. (*N. da T.*)

forma — como perder peso, ficar forte e em forma aerobicamente. Mas o que todas as pessoas inteligentes compreendem é que, se você não adotar a abordagem natural e não fizer as mudanças necessárias em seu estilo de vida, a perda de peso e o condicionamento físico não serão permanentes. Aprendi na própria pele que não posso deixar de fazer meu exercício físico diário ou tentar me virar sem dormir, pensando: "vou compensar depois." E tampouco posso comer e beber demais tarde da noite em um quarto de hotel simplesmente porque ninguém está me vendo. As consequências naturais acontecem de forma inevitável.

Quanto mais você se concentra nos princípios, mais sabedoria permeia os costumes e as normas da cultura. Depois, quando as pessoas tomarem atalhos, a cultura as punirá. No entanto, se a cultura estiver interessada em recursos paliativos e soluções radicais, as pessoas procurarão uma abordagem rápida, de fora para dentro — como cirurgia, química ou tecnologia — e considerarão qualquer outro tratamento lento demais.

Recentemente, tive uma conversa com um executivo que estava participando da nossa Semana da Liderança Centrada em Princípios. Depois de me ouvir falar a respeito do bambu chinês — como ele cresce de maneira lenta e imperceptível no subsolo antes de crescer rapidamente quase 20 metros acima do solo no quinto ano —, ele disse: "Bem, isso é ótimo para o bambu, mas o que posso fazer quando voltar ao escritório e topar com todos aqueles pequenos Hitlers correndo de um lado para o outro em sistemas e estruturas desajustados?" Em outras palavras, ele basicamente disse: "Bem, essa é uma boa teoria, mas agora vamos voltar ao mundo prático. O que eu posso fazer efetivamente?"

Respondi o seguinte: "Você consegue recapitular o que eu acabei de dizer? Porque essa é a sua resposta. Adote uma estratégia do crescimento de dentro para fora, do tipo devagar e sempre. Nunca ouvi falar em nenhuma fórmula 'secreta' ou 'oculta' que funcione apenas para alguma elite esclarecida, como se houvesse certas leis às quais algumas pessoas não precisassem obedecer. As consequências naturais seguem-se inevitavelmente."

Depois da minha experiência no México e em Porto Rico, convenci-me de que muitos líderes nesses países de língua espanhola são tão humildes e estão tão abertos à liderança centrada em princípios que não precisam passar por todo o desaprendizado das três últimas décadas. Eles farão avanços importantes e ultrapassarão a concorrência tão logo concentrem-se nos princípios e aproveitem ao máximo as tecnologias atuais. Sabem que devem avançar em direção ao empoderamento para competir em uma economia aberta. Esses líderes estão tentando arduamente expurgar a corrupção dos governos e das corporações e reconquistar a confiança. Isso não é feito da noite para o dia, e só acontece por meio de processos naturais. As soluções rápidas geralmente violam o senso de responsabilidade das pessoas.

EDUCANDO A CONSCIÊNCIA

Na realidade, os executivos precisam educar a consciência corporativa. Se você contar com firmas de consultoria externas, a verdadeira reforma não acontecerá, porque não existe uma educação contínua da consciência corporativa. Os executivos precisam renovar constantemente seu compromisso com sistemas de valores baseados em princípios duradouros.

Enquanto eu ouvia uma tradução simultânea no México, pensei o seguinte: "Aqui eu posso ouvir o palestrante, embora não entenda uma palavra do que está sendo dito, porque ele está falando em espanhol. Mas posso desviar a atenção para a pequena voz dentro do meu ouvido, para o intérprete simultâneo que está tentando captar o pleno significado do que está sendo expresso."

Então pensei: "Como isso é parecido com a consciência! Uma pessoa pode direcionar a consciência com base na própria vontade independente — ela pode levá-la aonde desejar ir. No entanto, ela quer fazer o que é certo, ou apenas o que é vantajoso? Ela pode ouvir sua consciência e cultivar a coragem de permanecer com essa voz até que esta se torne mais forte, mais clara e mais facilmente distinguível de outras vozes e ruídos. Mas se a pessoa quase nunca ouvir ou obedecer a essa voz, esta se tornará praticamente imperceptível."

Se as normas culturais circundarem os princípios, você terá uma consciência cultural. Se não o fizerem — se circundarem um sistema de valores que não esteja baseado em princípios —, então o erro residirá em ser apanhado, e não em fazer o que é errado. Os princípios são como leis naturais; embora o errado resida em ser apanhado, com o tempo você será pego de outra maneira. Na realidade, você é flagrado imediatamente porque isso enfraquece seu caráter, que transparece nos relacionamentos com as pessoas e na sabedoria a respeito da vida e dos negócios.

Do mesmo modo, nas discussões interculturais e ao lidar com diferenças na mesma cultura, você precisa se apoiar nessa mesma habilidade. No livro *The Culture Code*, Dr. Clotaire Rapaille nos ajuda a perceber que, a não ser que compreendamos nosso próprio *imprinting* — a codificação que foi incorporada a nós —, teremos muita dificuldade em comunicar-nos com outras pessoas. A autoconsciência ou o autoconhecimento possibilita que levemos em consideração essa "codificação" e nos comuniquemos (escutemos e falemos) com mais empatia. Enquanto não conhecer a si mesmo, você não levará em consideração sua programação — apenas projetará seus motivos no comportamento de outras pessoas.

Perguntei, certa vez, ao Dr. Rapaille: "Como são os seus roteiros?" Ele respondeu que tinha a capacidade de examinar os próprios roteiros. Então, perguntei: "As outras pessoas também não têm essa capacidade?" Ele explicou: "Têm, mas a maioria não a desenvolve, de modo que o arquétipo determina seu comportamento." Contestei: "Se as pessoas exercessem seus quatro dons humanos exclusivos — autopercepção, imaginação, consciência e vontade independente —, elas reconheceriam os seus roteiros e se tornariam mais eficazes na comunicação com os outros."

A verdadeira reforma precisa tirar proveito desses dons humanos exclusivos. Se você tiver consciência, mas não tiver força de vontade, poderá ser "bom", mas bom para quê? Ou então, se você tiver visão mas não tiver consciência, será um Hitler. Se tiver visão e consciência, mas não tiver autopercepção, poderá ver o mundo, mas não conhecerá a si mesmo — confundirá observação com introspecção. E se você tiver autopercepção, consciência e imaginação mas carecer da vontade independente, estará frequentemente explorando um sentimento de culpa por não agir.

Na obra clássica de Charles Dickens, *Um conto de Natal*, Scrooge perguntou ao fantasma: "Posso fazer alguma coisa para salvar o pequeno Tim?" Ele não recebeu nenhuma resposta. Depois que Scrooge acordou e se deu conta de que todas as aparições tinham surgido nos sonhos daquela noite, começou a exercer sua vontade independente para agir motivado pelos três outros dons — e, então, ajudou o menino.

O pequeno Tim simboliza tudo o que precisa de atenção nas corporações. Muitas coisas precisam de reforma, e o executivo reformado precisa se concentrar nessas pessoas, nesses processos e programas, agindo com base em princípios.

Este artigo foi publicado originalmente na revista *Executive Excellence* com o título "Conscientious Change". (N. do E.)

5. Primeiro o mais importante

Stephen R. Covey.
Janeiro de 1994

Aprendi que o bom é inimigo do melhor quando as coisas mais importantes na nossa vida estão subordinadas a outras coisas.

Recentemente, minha filha, Maria, teve mais um bebê. Alguns dias depois do parto, eu a visitei, esperando encontrá-la feliz. Em vez disso, encontrei-a frustrada.
Ela me disse: "Tenho muitos outros projetos e interesses que são importantes para mim. Mas, neste momento, tive de colocar tudo em segundo plano. Passo o tempo todo apenas atendendo às necessidades físicas deste bebê. Não consigo encontrar tempo nem para ficar com meus dois outros filhos e meu marido."
Tentando entender, perguntei: "Então, esse novo bebê está consumindo você?"
Ela prosseguiu: "Tenho outros trabalhos para fazer. Tenho alguns projetos de produção literária que requerem minha atenção. Tenho outras pessoas na minha vida."

Perguntei a ela: "O que sua consciência diz que você deve fazer? Talvez neste momento só exista uma coisa que realmente importa — o seu bebê."

Ela retrucou: "Mas tenho tantos outros projetos e planos." E me mostrou sua agenda. "Eu me organizo para fazer essas outras coisas, mas sou constantemente interrompida pelo bebê."

Conversei com ela a respeito do conceito da bússola, não do relógio. "Você está sendo guiada por sua bússola interior, a sua consciência, e está fazendo algo que envolve um bem enorme. Agora não é o momento de ser controlada pelo relógio. Deixe sua agenda de lado por algumas semanas. Apenas uma coisa é necessária. Portanto, relaxe e aproveite a natureza dessa interrupção na sua vida."

"Mas e o equilíbrio na vida e a importância de afinar o instrumento?", perguntou ela, sabendo que eu ensino esses princípios.

"A sua vida ficará desequilibrada durante algum tempo, e é normal que isso aconteça. Você deve procurar o equilíbrio mais a longo prazo. Por enquanto, não tente sequer manter uma programação. Esqueça sua agenda; cuide de si mesma e não se preocupe. Apenas curta o bebê, e deixe que ele sinta sua alegria."

Lembrei a ela o seguinte: "O bom costuma ser inimigo do melhor. Você não obterá muita satisfação cumprindo compromissos programados se tiver de sacrificar as coisas mais importantes, e as melhores. Sua satisfação está vinculada às expectativas do seu papel. Talvez o único papel que tenha importância em todo o dia de hoje para você seja o de cuidar do seu bebê. E se você cumprir bem esse papel, se sentirá satisfeita. Mas se você programar outros compromissos sem ter o controle das eventuais necessidades de seu filho, ficará apenas frustrada."

Depois disso, Maria aprendeu a relaxar e sentir mais prazer com seu bebê. Ela também passou a envolver o marido e os outros filhos nos cuidados com ele, compartilhando com o restante da família tudo o que pode ser compartilhado.

IDENTIFIQUE O QUE É MAIS IMPORTANTE PARA VOCÊ

Quais são as coisas mais importantes em sua vida? Uma boa maneira de responder a essa pergunta é fazendo outras: "O que é especial a meu respeito? Quais são meus diferenciais? O que eu posso fazer que mais ninguém pode? Por exemplo, quem mais pode ser pai do seu filho? Avô dos seus netos? Que outra pessoa pode ensinar aos seus alunos? Quem mais pode dirigir sua empresa? Quem mais pode ser mãe do seu bebê?"

Em certo sentido, todos temos os nossos "bebês", ou seja, algum novo projeto ou produto que exige muito de nós. Cada um tem talentos e capacidades singulares e um trabalho importante a fazer na vida. A tragédia é que nunca fazemos nossa contribuição exclusiva, porque as principais coisas de nossa vida — aquelas realmente relevantes — acabam sendo sufocadas por outras urgências. Por conseguinte, alguns trabalhos importantes nunca são começados ou terminados.

No livro *Primeiro o mais importante*, do qual sou coautor com Roger e Rebecca Merrill, sugerimos que o caminho para a liderança pessoal segue os degraus da visão, da missão, do equilíbrio, dos papéis, das metas, da perspectiva e da integridade no momento da escolha. É um processo de equilíbrio ecológico. Convidamos os leitores a pensar com muito cuidado ao longo desse processo. "Quais são as minhas responsabilidades na vida? Quem é importante para mim?" As respostas tornam-se a base para que reflitamos sobre nossos papéis. Você define, então, suas metas, perguntando-se: "Qual é a condição futura que desejo para cada relacionamento ou responsabilidade?"

Estabelecer acordos ganha/ganha, ou de ganho mútuo, com as pessoas e manter relacionamentos positivos não é um processo eficiente; na realidade, o processo geralmente é lento. Mas uma vez que um acordo de ganho mútuo esteja em vigor, tudo avançará rapidamente. Se você for eficiente logo de saída, talvez esteja adotando a abordagem mais lenta. De fato, você poderia obrigar uma pessoa a engolir sua decisão, mas se ela estará ou não empenhada em respeitar essa escolha e colocá-la em prática é outra questão. O lento é rápido; o rápido é lento.

Peter Drucker diferencia uma decisão de qualidade de uma decisão eficaz. Você pode tomar uma decisão de qualidade, mas, se não houver comprometimento, ela não será eficaz. Um executivo pode ser altamente eficiente ao trabalhar com produtos, por exemplo, porém extremamente ineficaz com pessoas.

Eficiência é diferente de eficácia. Eficácia é uma palavra que diz respeito a resultados; eficiência está relacionada com métodos. Algumas pessoas podem galgar a "escada do sucesso" com muita eficiência, mas, se estiverem apoiadas na parede errada, elas não serão muito eficazes.

Eficiência é o valor adquirido ao se trabalhar com coisas. Você pode deslocá-las rapidamente: transferindo dinheiro, gerenciando recursos e reorganizando sua mobília em segundos. Mas, ao tentar ser eficiente com pessoas em questões vitais, você provavelmente será ineficaz. Você não pode lidar com pessoas como se estivesse lidando com coisas. É possível ser eficiente com coisas, mas é preciso ser eficaz com pessoas, particularmente em questões importantes. Você já tentou ser eficiente com seu cônjuge em um problema difícil? Como se saiu?

Se você agir rápido, seu progresso será muito lento. Se agir lentamente e obtiver um envolvimento profundo — fazendo o que é necessário por meio de uma comunicação sinérgica baseada em um espírito de ganho mútuo —, descobrirá que, a longo prazo, o progresso foi rápido porque você terá obtido total comprometimento com relação a ele. A decisão será de qualidade porque houve uma interação de diferentes ideias criativas, ocasionando uma nova solução, melhor e mais coesiva.

SUBORDINE O RELÓGIO À BÚSSOLA

Para muitos executivos, a metáfora dominante da vida ainda é o relógio. Valorizamos esse objeto por sua velocidade e eficiência. Ele tem o seu lugar, assim como eficiência, e depois vem a eficácia. O símbolo da eficácia é a bússola — o senso de direção, propósito, visão, perspectiva e equilíbrio. A consciência bem-educada atua como um sistema interno de monitoramento e orientação.

Para mudar da mentalidade do relógio para a da bússola, é preciso concentrar-se em deslocar a base, delegando poder a outras pessoas. Mas o processo de empoderamento por si só não é eficiente. Você não pode pensar em controle; deve pensar em liberar sentimentos raramente expressos e em interagir com outras pessoas até criar algo melhor — e você não sabe exatamente o que é no início. É preciso ter uma grande segurança interior, muito autodomínio, antes de poder até mesmo assumir esse risco. E aqueles que gostam de reger o próprio tempo, o próprio dinheiro e as próprias coisas tendem a querer controlar os outros, adotando a abordagem da eficiência, a qual, em longo prazo, será extremamente ineficaz.

A eficácia aplica-se tanto a você mesmo quanto aos outros. Você tampouco deve ser eficiente consigo mesmo. Certa manhã, por exemplo, reuni-me com um grupo no nosso programa de treinamento. Alguém disse: "Criar uma declaração de missão pessoal é um processo difícil." Eu contestei: "Bem, você o está abordando por meio de eficiência ou de um paradigma de eficácia? Se você usar o paradigma da eficiência, poderá tentar criar essa declaração no fim de semana. Mas se usar a abordagem da eficácia, continuará esse tortuoso processo interno em cada aspecto de sua natureza, sua memória, sua imaginação, seus valores, seus velhos hábitos, seus antigos roteiros. Você manterá esse diálogo ativo até se sentir em paz."

Por que os executivos acham fácil programar e cumprir compromissos com outras pessoas, mas têm dificuldade em manter os compromissos que assumem com eles mesmos? Se conseguirem fazer promessas a si mesmos e cumpri-las, aumentarão significativamente a sua integridade social. Inversamente, se as pessoas aprenderem a fazer promessas aos outros e cumpri-las, terão mais autodisciplina.

A vitória particular de cumprir os compromissos que assumimos conosco não significa apenas passar algum tempo sozinhos; ela também pode significar nos prometer que não teremos uma reação exagerada ou que pediremos desculpas no momento em que cometermos um erro. Cumprir essas promessas aumenta consideravelmente o nosso senso de integridade.

Outro dia, por exemplo, vi meu filho dar uma bronca na irmã mais nova por ela ter arrumado sua sala. Ele tinha organizado tudo para trabalhar em um projeto, mas ela achou que a sala estava bagunçada e quis ajudar. No meio da bronca, ele se deu conta do que estava fazendo e disse: "Perdão. Estou apenas descarregando minhas frustrações em você, e sei que sua intenção foi boa." Ele fez isso no ato. Cumpriu o compromisso que assumira consigo mesmo de viver de acordo com seus princípios, mesmo em um momento de raiva. Senti muito orgulho dele.

Por saber que as pessoas e os relacionamentos são mais importantes do que as programações e as coisas, podemos subordinar uma programação sem nos sentirmos culpados, porque atribuímos um status mais elevado à consciência, ao compromisso com uma visão e um conjunto de valores mais amplos. Subordinamos a abordagem da eficiência do relógio à abordagem da eficácia da bússola. Quando usamos a bússola, subordinamos nossas programações às pessoas, aos propósitos e aos princípios. As "megaprioridades" da bússola subordinam as "miniprioridades" do relógio. Se os seus projetos forem valiosos, seu propósito transcenderá preocupações triviais e questões de importância secundária.

O que Charles Dickens aprendeu ao escrever *Um conto de Natal* é que um propósito transcendente sobrepõe-se aos velhos roteiros de escassez e independência. Ele pode não apagá-los totalmente, mas pelo menos os supera.

Dickens demonstrou um poderoso senso de propósito ao escrever uma história que abençoaria a vida de famílias, particularmente de crianças, fazendo uma reflexão sobre a época em que trabalhara nas fábricas 12 horas por dia, todos os dias da semana, enquanto seu pai e outros membros da sua família estavam detidos na prisão para devedores durante vários meses. Ele se lembrou desses tempos de escassez e os reconheceu como roteiros. Quando combinou imagens do presente e do passado, vivenciou uma enorme explosão de energia criativa que se sobrepôs a todos os seus problemas existentes, à sua depressão e à possibilidade da ruína financeira, para produzir essa magnífica história.

Sem valorizar a interdependência e o pensamento da abundância, você não será capaz de manter o que é mais importante em primeiro lugar. Algumas pessoas nunca compreendem essas realidades. Elas retrocedem ao modo de pensar de independência e escassez. Essas perspectivas são mais uma função de roteiros do que de qualquer outra coisa. Mas nós podemos mudar o roteiro.

DA URGÊNCIA PARA A IMPORTÂNCIA

Quando somos guiados por uma bússola interior, uma consciência altamente esclarecida, podemos dedicar uma manhã inteira a uma pessoa ou concentrar-nos em um projeto, em vez de fazer algo para o qual havíamos nos programado anteriormente — a não ser que tenhamos a obrigação de nos reunir com certas pessoas, caso em que devemos priorizar esse encontro. Ou, então, podemos decidir reservar uma tarde para honrar um compromisso apenas com nós mesmos. Durante esse período, você pode afinar o instrumento exercitando uma ou mais das quatro dimensões de sua personalidade — física, mental, social e espiritual. Usamos a autoconsciência para saber o que fazer e quando fazer.

Recomendo uma das máquinas de gerenciamento do tempo, que diz: "Não serei governado pela eficiência do relógio; serei governado pela minha consciência, porque ela lida com a totalidade da minha vida. E, por ser guiada pelo estudo e pela experiência, ela me ajudará a tomar decisões inteligentes."

Sob a influência de uma consciência bem-desenvolvida, você toma decisões guiadas por princípios a cada dia, a cada hora e a cada momento. Se estiver mergulhado em um trabalho extremamente produtivo ou criativo, não deixe que nada o interrompa. Você consegue imaginar um cirurgião atendendo a um telefonema no meio de uma cirurgia?

A maioria das pessoas está afogada na urgência. Quase todos os cargos de produção e de gerência requerem reações rápidas ao que é iminente e importante. O resultado final de um estilo de vida reacionário e urgente é o estresse, o esgotamento, o gerenciamento de crises, sempre apagando incêndios. Se você aprecia o planejamento diário e a definição de prioridades, por definição, você vive no meio de urgências e crises. As atividades importantes, mas que não são prementes, são facilmente excluídas pelo planejamento diário.

Ao ser guiado por uma bússola ou um conjunto de princípios internos, você começa a perceber que a ideia de estar no controle é um conceito arrogante. Você precisa se submeter com humildade às leis naturais que, em última análise, são aquelas que governam tudo. Ao interiorizar essas leis e princípios, você criará uma consciência altamente esclarecida. E se permanecer aberto a ela, colocará o que é mais importante em primeiro lugar.

Este artigo foi publicado originalmente na revista *Executive Excellence*, com o título "First Things First". (*N. do E.*)

6. Qualidade de vida

Stephen R. Covey
Abril de 1996

Nos últimos anos, conheci milhares de pessoas que desejam melhorar sua qualidade de vida, não raro como uma maneira de encontrar mais sentido, felicidade e realização em seu dia a dia.

A maioria das pessoas tem mais capacidade, criatividade, talento, iniciativa e engenhosidade do que as atribuições no trabalho permitem ou requerem que elas usem.

Infelizmente, vejo muitos tentando abrir a porta para a qualidade de vida usando as chaves erradas — valendo-se de abordagens irrefletidas e práticas manipuladoras que recorrem a atalhos aprendidos em sistemas acadêmicos, atléticos, sociais e empresariais.

A chave para a qualidade de vida é a qualidade dos seus relacionamentos. Quando você aplica práticas manipuladoras aos relacionamentos pessoais, a "fazenda" da sua vida, você deixa de colher o fruto que deseja. Os princípios da agricultura também se aplicam à cultura humana.

OS MOTIVOS E OS MEIOS SÃO IMPORTANTES

Algumas pessoas justificam meios opressivos em nome de resultados virtuosos. Elas dizem que a "ética" e os "princípios" às vezes precisam se deixar suplantar pela conveniência e pelos lucros. Muitas pessoas não veem qualquer correlação entre a qualidade de sua vida pessoal em casa e a qualidade de seus produtos e serviços no trabalho. Devido ao ambiente social e político predominante nas empresas e ao mercado fragmentado que impera do lado de fora, elas podem cometer, à vontade, abusos contra relacionamentos e ainda assim obter resultados em curto prazo.

Nossos heróis são, frequentemente, pessoas que ganham muito dinheiro. E quando algum herói — um ator, apresentador, atleta ou outro profissional — sugere que podemos conseguir o que queremos sendo implacáveis, fechando negócios em que a outra parte sai perdendo, e jogando de acordo com nossas próprias regras, nós prestamos atenção às palavras dele, especialmente quando as normas sociais reforçam o que diz.

Vejo pessoas tentando fazer tudo em um único fim de semana — refazer o casamento, alterar a cultura de uma empresa, tentar perder peso. Algumas coisas simplesmente não podem ser feitas em um espaço de tempo tão curto.

Na escola, pedimos aos alunos que repitam o que dissemos; nós os testamos com base naquilo que ensinamos em sala de aula. Eles descobrem o sistema, divertem-se e procrastinam; depois, estudam às presas e passam as informações de volta para nós. E, em geral, acham que a vida opera com base no mesmo sistema de atalho.

No entanto, a abordagem rápida, fácil, livre e divertida não dará certo na "fazenda", porque estamos sujeitos a leis naturais e princípios maiores. As leis naturais, baseadas em princípios, operam independentemente de estarmos conscientes delas ou de as obedecermos.

Os hábitos de ineficácia costumam estar radicados em nosso condicionamento social voltado para ideias de soluções paliativas em curto prazo. Na vida, assim como na escola, muitos procrastinam e depois fazem tudo correndo. Mas fazer as coisas às pressas funciona em uma fazenda? Você pode passar duas semanas sem ordenhar a vaca, e depois acelerar o processo tirando dela litros e mais litros de leite?

Podemos até achar graça dessas ridículas abordagens na agricultura, mas nós as empregamos nas culturas corporativas.

A única coisa que perdura ao longo do tempo é a lei da produção agrícola: é preciso preparar o solo, cultivá-lo, capiná-lo, regá-lo, e depois, gradualmente, cuidar do crescimento e do desenvolvimento da planta até que ela atinja o pleno amadurecimento. O mesmo é válido no casamento ou quando ajudamos um adolescente a atravessar uma difícil crise de identidade — não há solução paliativa capaz de fazer tudo ficar certo por meio de uma atitude mental positiva e uma fórmula de sucesso.

CONCENTRE-SE EM PRINCÍPIOS INTEMPORAIS

Os princípios corretos são como bússolas: estão sempre indicando o caminho certo. E se soubermos interpretá-los, não ficaremos perdidos ou confusos, nem seremos ludibriados por vozes e valores conflitantes.

Os princípios não são inventados por nós ou pela sociedade: eles são as leis do universo que dizem respeito aos relacionamentos e organizações humanos. Eles fazem parte da condição, da conscientização e da consciência humanas. Na medida em que as pessoas reconhecem e vivem em harmonia com os princípios básicos de imparcialidade, equidade, justiça, integridade, honestidade e confiança, elas progridem.

Além disso, as pessoas instintivamente confiam naqueles cujo caráter e cuja competência estão baseados em princípios corretos. Nos relacionamentos duradouros, aprendemos que a técnica tem relativamente pouca importância em comparação com a confiança, resultante da nossa confiabilidade ao longo do tempo. Quando a confiança é elevada, nos comunicamos com facilidade. Por outro lado, quando a confiança é baixa, a comunicação é exaustiva.

A maioria das pessoas prefere lapidar a aparência ou a personalidade, e não o caráter. O primeiro caso pode envolver o aprendizado de uma nova habilidade, um novo estilo ou imagem, mas o último está relacionado com mudar hábitos, desenvolver virtudes, disciplinar apetites e paixões, cumprir promessas e ter consideração pelos sentimentos e pelas convicções dos outros. O desenvolvimento do caráter é o verdadeiro teste e manifestação de maturidade. Valorizar a nós mesmos e ao mesmo tempo subordinar-nos a propósitos e princípios mais nobres é a essência da condição humana mais elevada e a base da liderança eficaz.

Os líderes centrados em princípios são homens e mulheres de caráter que trabalham com competência "em fazendas" com "semente e solo"* e que dedicam-se em harmonia com as leis naturais do "Norte verdadeiro" e com a lei da colheita. Esses princípios são inseridos no centro de sua vida, de seus relacionamentos e de suas declarações de missão.

---

*O autor está se referindo à Teoria do Solo e Semente, publicada em 1889 pelo cirurgião Stephen Paget, na qual ele conclui que a influência combinada das células de um tumor com o meio na qual se encontram permitiria o crescimento tumoral secundário, após uma fase de latência, de forma análoga às sementes cujo potencial se desenvolve em solo fértil. (*N. da T.*)

Este artigo foi publicado originalmente na revista *Executive Excellence*, com o título "Quality of Life". (*N. do E.*)

7. Tome a iniciativa

Stephen R. Covey
Maio de 1996

Tanto no trabalho quanto nos relacionamentos, podemos viver com uma sensação de *apartheid*, de segregação. Na África do Sul, o *apartheid* dizia respeito à divisão das pessoas com base na raça, mas a separação mais comum ocorre por razões educacionais, sociais, religiosas e econômicas.

Muitos de nós nos sentimos solitários, alienados, segregados ou divorciados exatamente das pessoas com quem mais gostamos de compartilhar amizade, coleguismo, companheirismo e amor.

O que você pode fazer para acabar com o *apartheid* em sua vida pessoal e profissional? Bem, por exemplo, seja proativo. Tome a iniciativa de melhorar os relacionamentos e esclarecer as expectativas. Capte o "espírito empreendedor".

Na viagem que fiz recentemente à Índia, vi toda uma cultura e uma nação explodindo com um espírito empreendedor. Poderosas forças econômicas estão fomentando esse espírito e causando o colapso do sistema de castas, particularmente dentro da crescente classe média indiana.

Os indianos são muito receptivos ao conceito da vida centrada em princípios, talvez por harmonizar muito com sua religião, filosofia e tradição. Eles se identificam com a concepção de missões, papéis e metas como uma maneira de desatrelar o talento e a energia de pessoas que têm estado confinadas em sistemas obsoletos.

Se, por um lado, você sente a necessidade de se libertar de uma velha prisão, e, pelo outro, de se conectar mais estreitamente com certas pessoas e tendências, sugiro que mostre mais proatividade. William Oncken identificou seis níveis de iniciativa: 1) esperar até que lhe digam para agir; 2) perguntar; 3) recomendar; 4) agir e informar imediatamente; 5) agir e informar periodicamente; e 6) agir por conta própria. Sugiro que você aja no nível mais elevado possível de acordo com seus papéis, suas tarefas e metas. Por exemplo, você pode estar no nível três ao lidar com a correspondência e ao cuidar dos problemas de equipe, e no nível cinco ao lidar com visitantes e telefonemas recebidos. Os níveis de iniciativa podem mudar à medida que a capacidade, a maturidade e a confiança aumentam. Portanto, correlacione o nível de iniciativa com sua capacidade nessa área. Caso tenha baixa aptidão, mas um desejo elevado em determinada área, você precisará de feedback constante e orientação, bem como de mais acompanhamento.

A melhor motivação é intrínseca. A motivação extrínseca baseia-se em ideias de pensamento positivo, incentivos externos, encorajamento, apreciação, recompensas e consequências das abordagens que envolvem incentivos e punições. A motivação intrínseca surge naturalmente quando você busca satisfazer uma ou mais de suas quatro necessidades fundamentais: 1) viver — a necessidade física de comida, roupas, abrigo, dinheiro, saúde; 2) amar — a necessidade social de se relacionar com outras pessoas, de pertencer a um grupo, de amar e ser amado; 3) aprender — a necessidade mental de ter um senso de propósito, congruência, progressão e contribuição; e 4) deixar um legado — a necessidade espiritual de significado, realização, integridade, recordação e longevidade.

Tudo isso é fundamental para se sentir realizado. Na verdade, ao deixar de satisfazer uma ou mais dessas necessidades, você se sentirá incompleto. Além disso, qualquer necessidade insatisfeita reduzirá sua qualidade de vida. Se você estiver endividado ou com a saúde debilitada; se não tiver acesso a alimentação, roupas e abrigo adequados; se estiver se sentindo alienado e solitário, mentalmente inerte; se não tiver um senso de propósito ou de integridade, sua qualidade de vida será negativamente afetada.

Nos seus relacionamentos comerciais, estabeleça contratos de ganho mútuo que deixem claras as expectativas em torno de papéis e metas. Nos acordos, você identifica resultados desejados, mas talvez não especifique métodos e expedientes; você estabelece diretrizes ou princípios, mas pega leve nos procedimentos. Você relaciona todos os recursos disponíveis. Estabelece padrões de desempenho, medidas de acompanhamento, remuneração e consequências. Esses acordos o afastam de uma orientação "de controle" e o aproximam de uma orientação de "liberação". Você tem a flexibilidade de funcionar com eficácia e exercer a iniciativa com responsabilidade. E você entra em contato com sua criatividade e seus talentos latentes.

Procure um orientador, chefe ou mentor que acredite que tenha o papel de apoiar, servir, aconselhar e remover obstáculos. Peça que essa pessoa faça a você quatro perguntas básicas relacionadas com o seu acordo de desempenho: 1) Como estão indo as coisas?; 2) O que você está aprendendo?; 3) Quais são suas metas agora?; (à luz de como estão indo as coisas e do que você está aprendendo); e 4) Como posso ajudá-lo? Dessa maneira, o orientador evita "assumir" seus problemas e, ao mesmo tempo, se oferece como uma fonte de ajuda.

Enquanto você governa a si mesmo, eu o encorajo a buscar um feedback de 360 graus no trabalho, pelo qual você receberá avaliações anônimas de seu desempenho de seus colegas, subordinados diretos, clientes, fornecedores e de outras pessoas. O mesmo princípio pode ser aplicado em casa, ao buscar um feedback do seu cônjuge, de seus filhos e de outras pessoas que se interessem por sua vida. Você também pode fazer uma autoavaliação, na qual examina a si mesmo, ou os membros de sua equipe fazem a avaliação.

As pessoas altamente eficazes são proativas; elas tomam a iniciativa para encerrar um *apartheid*, o que quer dizer que elas procuram estar estreitamente ligadas a pessoas e organizações que compartilham uma visão, causa ou missão comum.*

---

*Trechos desse capítulo aparecem novamente em outras partes deste livro. Mantivemos os trechos repetidos, tal como os artigos originais, que podem ser lidos de forma avulsa. (N. do E.)

Este artigo foi publicado originalmente na revista *Executive Excellence*, com o título "Take the Initiative". (N. do E.)

Parte 2

Vitória pública

8. Primeiro, deixe-se influenciar

Stephen R. Covey
Janeiro de 1995

Todos queremos exercer mais influência sobre outras pessoas, mas o segredo é estarmos primeiro abertos à influência delas.

No final do livro *Os 7 hábitos das pessoas altamente eficazes*, confesso ao leitor que "Pessoalmente, eu luto por muitas coisas que mencionei neste livro" mas que "a luta vale a pena e produz frutos" porque "ela dá sentido à vida, e me permite amar, servir e tentar novamente". Quando estava escrevendo *Os 7 hábitos*, dialoguei muito comigo mesmo por ter que separar o que era meu e o que era dos outros, aquilo em que realmente acreditava e com que intensidade estava disposto a compartilhar. Desse modo, levei adiante esse autodiálogo deliberado. Acredito que tenha sido por causa desse excruciante autoexame que *Os 7 hábitos* causou tanto impacto.

O princípio que aprendi foi o seguinte: *Ao se mostrar primeiro aberto à influência — da sua própria consciência e de fontes externas —, você exercerá mais influência sobre outras pessoas.*

Venho mantendo um diálogo comigo mesmo a vida inteira porque me pergunto se tenho o direito de ensinar algo que nem sempre pratico. E, nesse processo, descobri a verdade sobre algo que o psicólogo Carl Roger disse certa vez: "Aquilo que é mais pessoal é mais universal."

Descobri também, à medida que mantinha esse diálogo particular comigo mesmo, que esse "eu secreto" é exatamente a área de conflito onde ocorrem as ideias intuitivas. Quanto mais você se aproxima dela, mais tem as ideias com as quais todo mundo consegue se relacionar. A chave para os frutos são as raízes espirituais. Dessa maneira, quando identifiquei uma verdade dentro de mim mesmo, ela se tornou um tema comum nos meus livros. A maior parte do feedback positivo que recebi dos leitores ao longo dos anos procede do fato de muitas pessoas terem sentido o seguinte: "Você me entende; então, agora estou aberto à sua influência."

À medida que cultiva a segurança e a integridade, você pode se dar ao luxo de correr o risco de ser aberto e sincero consigo e com os outros. Se não se sentir seguro, você não estará disposto a se mostrar aberto a qualquer influência. Se sua segurança residir em estar certo, ou em provar seu ponto de vista, você não será influenciado. Você precisa, primeiro, estar aberto à influência.

O movimento da qualidade nos ensinou essa verdade. Organizações norte-americanas, aos poucos, têm se tornado mais humildes nos últimos anos. Elas começaram a perceber que não estavam influenciando o mercado porque não estavam sendo influenciadas pelos clientes nem pelos stakeholders. Por força das circunstâncias, tornaram-se mais humildes.

É aceitável, suponho eu, tornarmo-nos humildes por coerção, mas é melhor que isso aconteça por escolha. Enquanto desenvolvermos mais segurança e integridade interior, podemos nos dar ao luxo de ser mais infantis. O que nos torna mais humildes é a consciência, não as circunstâncias; a fé, não a força — e essa humildade nos faz abertos à influência.

Quando as pessoas se sentem compreendidas, elas se tornam influenciáveis. Essa dinâmica ocorre em qualquer interação. Estude qualquer processo de influência, e você verá que essa fórmula se encaixa.

O pré-requisito para entender os outros é essa comunicação interior consigo mesmo. Primeiro, você precisa se compreender. Você não exercerá influência em si mesmo se não se deixar influenciar antes de tudo pela sua voz interior.

No livro *A Guide for the Perplexed*, E. F. Schumacher escreve a respeito de quatro tipos de conhecimento: 1) como eu vejo a mim mesmo; 2) como vejo você e o mundo; 3) como você vê a si mesmo; e 4) como você vê a mim e o mundo. A única maneira de se obter acesso a três tipos de conhecimento — como vejo o mundo e você, como você vê a si mesmo, e como você vê a mim e o mundo — é como eu vejo a mim mesmo. O autoconhecimento é a base dos outros três tipos.

Se não levarmos a nós mesmos em consideração e não usarmos o autoconhecimento, estaremos sempre projetando nossas motivações. Examinaremos nosso coração e acharemos que estamos vendo o mundo. Confundiremos observação com introspecção. Interpretaremos erroneamente nós mesmos, as outras pessoas e o mundo se estivermos constantemente em um estado de observação e projeção. Precisamos trabalhar arduamente por meio da introspecção sincera para chegar ao autoconhecimento.

Para alcançar o autoconhecimento, precisamos usar as quatro capacidades ou dons que são exclusivos dos seres humanos — a imaginação criativa, a vontade independente, a consciência e a autopercepção. Esses dons nos ajudam a separar-nos do processo de "criação de roteiros" para que possamos examiná-lo e depois desenvolver novos roteiros.

TRÊS EUS EM UM

Cada um de nós é uma combinação de três eus: 1) o eu público (nossa imagem e persona públicas); 2) o eu particular (o que fazemos no mundo privado da família e das pessoas próximas quando relaxamos e ficamos à vontade); e 3) o nosso eu secreto mais profundo, ou eu interior, em que usamos a autopercepção para dar um passo para trás e examinar os roteiros de nossa vida — nossas motivações, tendências e hábitos que têm origem no nosso código genético; nossas condições ambientais e o condicionamento social.

A maioria das pessoas tenta exercer influência usando uma abordagem "de fora para dentro" baseada nos seus eus público e particular. No entanto, as pessoas altamente eficazes exercem influência usando uma abordagem "de dentro para fora" baseada no seu eu secreto.

Ao revelar de maneira autêntica onde você está no seu eu secreto, você ficará aberto até mesmo ao feedback que as pessoas lhe dão sobre seus pontos cegos. Mas se não estiver aberto nesse nível, se não tiver esse autoconhecimento, você logo voltará para o seu eu particular e o seu eu público — e nunca entrará em contato com essa capacidade de alterar a própria natureza. Não conseguirá obter esses outros três conhecimentos — como vê a si mesmo, como vê a mim e o mundo, e como eu vejo o mundo. Você poderá pensar: "Vejo o mundo como ele é", mas estará olhando para ele a partir do seu autoconhecimento distorcido.

Ao se conhecer melhor e se tornar aberto à influência nos níveis particular e secreto, você ficará em uma melhor posição para influenciar os outros, porque eles sentirão que você está aberto à influência, aberto ao feedback, e eles próprios ficarão mais abertos. O principal motivo pelo qual você tem mais influência sobre os outros é o fato de você primeiro ter influência sobre si mesmo. Você passou a se conhecer.

A filosofia grega era, inicialmente, relacionada com "conhece a ti mesmo", depois, "controla a ti mesmo" e, finalmente, "doa a ti mesmo", e eles enfatizavam a importância e o poder dessa sequência.

Suponhamos, por exemplo, que tenham me revelado que um dos meus sócios estava dizendo e fazendo coisas contrárias ao que havíamos combinado; nocivas para o nosso relacionamento. Ao exercer o autoconhecimento, eu poderia dizer para mim mesmo: "Antes de reagir de maneira exagerada, Stephen, lembre-se de que você tem essa tendência paranoica. Portanto, não interprete o que as pessoas estão dizendo em função dela. Em vez disso, procure-o e entenda melhor o que aconteceu."

Agora, observe o que acontece. Quando levo em consideração minha tendência paranoica e tento entender melhor o ocorrido, costumo me dar conta de que os meus receios são totalmente infundados. Gradualmente, uma consequência natural de estar aberto à influência dentro de mim é ter influência sobre mim. Por conseguinte, quando você e eu interagimos, estou aberto à sua influência. Você poderá até mesmo dizer o seguinte: "Vou dar um feedback para o Stephen com relação ao ponto cego dele." E por que você faria isso? Porque estou receptivo, ou seja, aberto a você.

Uma vez que você inclua várias pessoas nesse processo de autoinfluência, você cria uma cultura que é verdadeiramente sinérgica — uma cultura na qual as pessoas são extremamente abertas umas com as outras. É isso que Peter Senge chama de "organização que aprende" e o que Chris Argyris nomeia como "aprendizado de ciclo duplo".

No livro *Tornar-se pessoa*, o psicólogo Carl Rogers fala a respeito de três níveis: 1) a sua experiência; 2) a sua tomada de consciência; e 3) a sua comunicação. A relação entre o que você vivencia e a percepção consciente disso é o que ele chama de congruência interna. A relação entre a percepção consciente e a comunicação é a congruência externa.

Ora, se minha comunicação externa é congruente com minha comunicação interna, posso lhe dizer: "Estou muito aborrecido, mas estou tentando lidar com isso de maneira responsável, sem reagir emocionalmente." Agora, observe o que estou fazendo. Estou sendo responsável por mim mesmo. Estou usando o autoconhecimento. Não estou atacando. Desse modo, quando interagimos, você começa a perceber como eu poderia influenciá-lo.

Rogers declara que, no esforço de manter a congruência interna, usamos várias defesas psicológicas, como negação, intelectualização, racionalização ou projeção. A projeção tem lugar quando eu projeto no comportamento de outras pessoas a minha própria motivação. Julgamos os outros em função de seu comportamento, e a nós mesmos com base em nossas intenções. E então, o que chamamos de ser externamente incongruente tem mais a ver com dissimulação, hipocrisia e falta de integridade, porque eu digo uma coisa e faço outra. Isso é incongruência externa — e geralmente colocamos rótulos nela. Não temos uma linguagem para descrever a incongruência interna, mas precisamos alcançar a sua prática antes de sermos externamente congruentes a ponto de ficar abertos à influência.

Nossa influência sobre os outros só aumenta na medida em que temos congruência interna e externa.

Certa vez, eu estava em Bethel, no estado do Maine, onde vários pesquisadores realizaram um estudo de dissonância psicológica em mim para identificar que mecanismos de defesa costumo usar nos momentos decisivos da vida. Minha defesa, por exemplo, é a intelectualização. Eles, então, identificaram outras pessoas que também usavam o mesmo mecanismo de defesa; algumas que usavam a racionalização; outras, a negação; e outras ainda que usavam a projeção. Eles nos colocaram em grupos de pessoas da mesma classe e nos deram tarefas para executar.

Você pode imaginar como era o meu grupo. Um bando de acadêmicos que haviam escolhido a profissão em parte porque era segura. Podíamos escapar para nossa mente e para interações teóricas. Bem, quando tive de executar uma tarefa com um grupo que intelectualizava tudo, não consegui realizar nada. Tivemos a paralisia da análise.

As pessoas que formavam o grupo da projeção estavam transferindo motivações, suas próprias, para o comportamento de outras pessoas. Elas projetavam o que sua motivação teria sido se o comportamento da outra pessoa fosse delas. Dessa maneira, começaram a culpar umas às outras, e ficaram empacadas.

As pessoas do grupo da negação tampouco conseguiram avançar, porque todo mundo insistia em negar: "Ah, não, não é isso que significa. Essas pessoas não entendem." Era assim que elas lidavam com as informações.

Nossa influência sobre os outros só aumenta na medida em que temos congruência interna e externa.

Certa vez, por exemplo, presenciei essa dinâmica em ação quando um amigo se desculpou profundamente pela sua reação exagerada com outra pessoa. Depois eu o procurei e disse: "Não tenho palavras para expressar quanto admiro seu comportamento. Como você chegou ao ponto de conseguir fazer isso?" E ele respondeu o seguinte: "Tive de mergulhar profundamente em mim mesmo e conduzir um diálogo pessoal." Em seguida, acrescentou: "Fui levando o diálogo até chegar ao ponto no qual eu já adquirira tanto autoconhecimento que me perguntei: 'A quem vou obedecer — ao meu ego ou à minha consciência?'" Ele, então, concluiu: "Decidi obedecer à minha consciência." E esse diálogo interior estava acontecendo bem no meio de sua exaltação, quando ele disse: "Perdão. Tive uma reação exagerada, e eu estava errado."

Instantaneamente, ambas as pessoas tornaram-se mais humildes e choraram porque sentiram vergonha do próprio comportamento defensivo. Foi uma experiência inesquecível que fortaleceu a ligação entre elas. Esse meu amigo é uma pessoa tão lúcida que, ao travar uma batalha com o ego, ele segue sua consciência todas as vezes, porque faz isso com muita frequência. Ele consegue influenciar muito os outros porque tem a humildade de ser aberto à sua própria influência.

A grande autopercepção de meu amigo possibilitou que ele interrompesse a si mesmo, se corrigisse, e depois pedisse desculpas. Seu autoconhecimento e sua abertura possibilitaram o diálogo interior, e sua força de caráter fez com que conseguisse expressar um pedido de desculpas. Embora tivesse travado o diálogo interior, ele precisou de coragem para expressar o pedido de desculpas e proporcionar aquela experiência de ligação.

Muitas pessoas fazem o diálogo interior, mas carecem de coragem de interromper a si mesmas, de confessar um erro, de pedir desculpas ou fazer a mudança em público. A coragem é uma função da integridade. Se não a cultivarmos ao longo do tempo, não teremos a coragem necessária para admitir erros e corrigir o rumo.

Este artigo foi publicado originalmente na revista *Executive Excellence*, com o título "First, Be Influenced". (*N. do E.*)

9. O poder das afirmações

Stephen R. Covey
Agosto de 1996

Aprendi bem cedo na vida a reconhecer o valor das afirmações, ao receber de meus pais e avós muitas expressões do amor incondicional que eles sentiam por mim. Essas afirmações amorosas me conferiram grande paz e segurança interiores e possibilitaram que eu me arriscasse em novas aventuras sem o medo inadequado do fracasso.

Ao enviar sinais positivos, você pode exercer mais influência e ter relacionamentos melhores com as outras pessoas.

Uma boa afirmação é pessoal, positiva, feita no presente do indicativo, visual e emocional. Na realidade, ela confirma o valor básico das pessoas. As nove práticas a seguir o ajudarão a respaldar os outros de uma maneira eficaz.

1. Mude o nome ou o título da pessoa. Velhos nomes, rótulos, títulos, apelidos e identidades bloqueiam o progresso. Em quase todas as sociedades, os ritos de passagem incluem a concessão de um novo título ou nome, por facilitar bastante as mudanças no comportamento.

No filme e peça teatral *O homem de la Mancha*, o aristocrata rural Dom Alonzo, visionário entusiástico e leitor de romances de amor cavalheiresco, decide se tornar um cavaleiro errante. Ele escolhe o nome Dom Quixote e parte com seu escudeiro para realizar façanhas nobres, mas que costumam ser pouco práticas.

Entre as pessoas que ele conhece na viagem está a prostituta Aldonza. Do seu jeito romântico e tortuoso, Dom Quixote vê nela o que ninguém mais enxerga: beleza e virtude. "Vejo o céu quando olho para ti", diz ele a ela. "Teu nome é como uma oração sussurrada por um anjo." Ele cria uma afirmação para ela na qual, essencialmente, declara o seguinte: "Eu a vejo falando delicadamente e com ternura, e se comportando como uma grande dama, apesar do escárnio e da vulgaridade à sua volta."

Em seguida, na sua suprema tentativa de modificar o paradigma de Aldonza, dá a ela um novo nome: "Agora eu te encontrei e o mundo conhecerá a tua glória, Dulcineia. Minha dama!"

2. Persista com a afirmação para mudar o antigo roteiro. Dulcineia rejeita as tentativas de Dom Quixote de modificá-la. Ela permanece presa aos antigos roteiros e replica: "Não sou sua dama. Não sou nenhum tipo de dama."

Dom Quixote persiste: "Jamais negue que tu és Dulcineia. Agora e para sempre, és a minha dama, Dulcineia."

Os velhos roteiros quase a subjugam. Ela grita, angustiada: "Tu me mostraste o céu. Mas de que vale o céu para uma criatura que nunca fará nada além de rastejar?"

Apesar dos protestos, Dom Quixote persiste pacientemente até que suas afirmações gradualmente começam a penetrar no revestimento dos roteiros anteriores de Dulcineia. Ela retrocede um pouco, mas, com o tempo, passa a acreditar dentro de sua alma e ver dentro de sua mente o que Dom Quixote afirmou, começando a viver a partir de um novo roteiro, de uma nova autoidentidade.

No leito de morte de Dom Quixote, Dulcineia o agradece. Ela não precisa mais das afirmações dele porque aprendeu a criar as suas.

3. Mude o antigo rótulo. Uma história clássica na área da educação ilustra o poder da afirmação. Na Inglaterra, os membros de um grupo de alunos inteligentes e altamente motivados foram erroneamente rotulados como aqueles que enfrentavam problemas de aprendizado; e alunos que tinham dificuldade de aprendizado foram rotulados como altamente empreendedores. Os estudantes foram apresentados aos professores com esses rótulos errados. A confusão só foi detectada cinco meses depois.

Quando o erro finalmente foi reconhecido, os pesquisadores compreenderam que tinham criado uma experiência perfeita. Todas as variáveis eram as mesmas, exceto uma — a percepção na mente dos professores.

Quando os dois grupos foram novamente testados, os resultados foram surpreendentes. O primeiro grupo, rotulado como de alunos com necessidades especiais, mas que era, na verdade, o grupo mais inteligente, caiu 14 pontos na avaliação do QI. O grupo menos inteligente, incorretamente rotulado como superdotado, apresentou um aumento de 18 pontos.

Vemos aqui a profecia autorrealizável funcionando tanto de maneira positiva quanto negativa por meio das atitudes e do reforço de outras pessoas. O desempenho dos alunos correspondeu às afirmações e expectativas dos professores.

4. Não se exalte com erros; ame incondicionalmente. Os pais devem ser sábios e enxergar qualquer situação como ela realmente é. Eles não devem se exaltar ou se dar por vencidos, mas simplesmente perseverar, ser flexíveis, sorrir muito e amar incondicionalmente.

Eles deveriam escrever as seguintes afirmações em paredes, espelhos, no antebraço e no coração: "Permaneça firme." "Isto também passará." "Não leve para o lado pessoal." "Seja flexível." Eles descobrirão que, se reafirmarem continuamente a si mesmos esses princípios, mantendo-se firmes — e realmente amando incondicionalmente e permanecendo resolutos com relação ao sistema de disciplina combinado —, em quase todos os casos, as crianças se recuperarão. Elas saberão onde está o suprimento de amor incondicional. Ficarão gratas pela disciplina e pelos limites, embora talvez só venham a reconhecer isso quando ficarem mais velhas.

5. Dê informações. Forneça às pessoas todas as informações necessárias para que executem seu trabalho. Depois, você poderá perguntar: "Você já tem as informações; como posso ajudá-la?" Em qualquer ocasião em que obtenha um feedback construtivo a respeito do desempenho das pessoas, você deve transmiti-lo para elas. Não julgue esse feedback. Não diga o que fazer com ele. Simplesmente transmita-o. O espírito é o seguinte: "Como posso ajudar? Você sabe o que você combinou que realizaria."

6. Estabeleça um acordo de desempenho e um sistema de acompanhamento — e use sua autoridade formal somente como último recurso. Em vez de usar sua autoridade formal, convide as pessoas a participar da criação de declarações de missão, de planos estratégicos, metas e planos de ação — e depois torne-se um facilitador.

A capacidade de uma pessoa de aprender, de ser flexível e de se adaptar com base no que a situação exige é extremamente importante. Não há necessidade de dizer em que ponto elas estão errando e convencê-las dos méritos de mudar as estratégias delas se você tiver os critérios de desempenho embutidos no sistema de acompanhamento.

7. Atue como uma fonte de ajuda. Suponha que você esteja "gerenciando por meio da observação" e perceba um mau comportamento. Você sabe muito bem que será um desastre se essa pessoa insistir no que está fazendo. Se tiver se identificado como um recurso, como uma fonte de ajuda, e se essa pessoa já o tiver aceito como tal, você poderia dizer: "Descobrimos que esse tipo de medida não funciona. Não mencionei isso a você, e você me pediu que eu o ajudasse no que fosse possível, por isso estou lhe dizendo o que acontecerá." No entanto, na maioria dos casos, o melhor é deixar a pessoa por conta própria. Ela sabe o que é esperado e, além disso, você talvez não compreenda toda a situação. No contexto mais amplo, independentemente de como as coisas se resolverem, a pessoa será considerada a responsável.

8. Elimine as intenções veladas. Frequentemente, intenções veladas estão em operação durante interações e reuniões, tornando-as ineficazes porque as pessoas estão participando de um jogo político. Experimente o seguinte. No início da reunião, antes que as emoções sejam despertadas, proponha: "Para facilitar as conversas hoje, por que não estabelecemos uma simples regra básica? Caso discorde de alguém, você precisará entender e ser capaz de expor o ponto de vista dessa pessoa antes de apresentar o seu."

9. Lembre-se de ouvir com empatia. A causa fundamental de quase todos os problemas de comunicação é o fato de as pessoas não ouvirem para entender. Quando ouvem, elas o fazem para retorquir. Ouvir dentro do sistema de referência da outra pessoa é a chave tanto para o entendimento quanto para a influência.

Uma vez que a outra pessoa se sinta compreendida, você poderá fazer uma avaliação e dar o seu recado. Se essa abertura for recíproca, um nível de respeito mútuo é estabelecido. Você poderá, então, atacar as diferenças remanescentes com o espírito da sinergia, criando soluções melhores do que as propostas por qualquer pessoa.

Este artigo foi publicado originalmente na revista *Executive Excellence*, com o título "Affirming Others". (N. do E.)

10. Acordos de desempenho

Stephen R. Covey
Maio de 1995

O desempenho e a produtividade excepcionais estão relacionados com o poder dos acordos de desempenho de ganho mútuo com todos os stakeholders.

A visão compartilhada, a missão e as declarações de valor são, essencialmente, acordos de desempenho de ganho mútuo para as empresas. Esses acordos são mais contratos psicológicos e sociais do que contratos legais. À medida que os legalizamos, eles passam a ser mecânicos e transacionais, e perdemos o poder transformacional da sinergia. Os acordos de desempenho de ganho mútuo são a chave para a interdependência e a sinergia.

O processo de criar acordos de desempenho sinérgicos de ganho mútuo é diferente da delegação tradicional, que não raro se resume a despejar tarefas aos outros. O acordo de desempenho cria uma parceria sinérgica. Em vez de sentir que empurraram algo para elas, as pessoas se envolvem. E ficam motivadas porque as duas partes estão realizando coisas de importância compartilhada.

OS CINCO ELEMENTOS DO ACORDO

Como você pode criar esses acordos? Basta sentar-se com um dos chefes, com alguém diretamente subordinado a você ou com um colega de trabalho, examinar o processo de cinco passos e alcançar um entendimento com relação a cada elemento.

1. Especifique os resultados desejados. O que estamos tentando fazer? Que desfechos queremos obter? Que resultados quantitativos e qualitativos estamos buscando? Qual a produção almejada? Qual a capacidade de produção que precisamos aprimorar para impulsionar a produtividade? Que crescimento queremos criar nas pessoas?

Ao especificar os resultados desejados, procure aliar as necessidades da empresa (ou dos stakeholders) com as necessidades e capacidades do funcionário (ou da equipe). Associar as metas de cada indivíduo com a missão global da empresa cria a missão conjunta, a combinação das missões do indivíduo e da organização.

Os resultados desejados são a "visão compartilhada" do acordo, a declaração do que é importante e do que é principal.

2. Estabeleça diretrizes. Quais são os parâmetros? Que valores, políticas, leis, ética, limites e níveis de iniciativa se aplicam à busca dos resultados desejados?

Especifique o nível de iniciativa apropriado à pessoa e à tarefa, seja ele: 1) esperar até que digam à pessoa que ela deve agir; 2) perguntar; 3) recomendar; 4) agir e informar imediatamente; 5) agir e informar periodicamente; e 6) agir por conta própria.

Além disso, especifique o que é inaceitável, o que requer cuidado e o que não deve ser feito. Isso deixa todas as outras possibilidades abertas para o indivíduo ou a equipe.

3. Identifique os recursos. Com o que temos de trabalhar? Que orçamentos, sistemas e pessoas estão disponíveis? Como ter acesso a esses recursos? Identifique os recursos financeiros, humanos, técnicos e organizacionais necessários para pôr o acordo em prática.

Identifique não apenas os recursos disponíveis no momento, mas também aqueles que poderão se tornar disponíveis no futuro. Muitas pessoas limitam suas aspirações porque se atêm ao que é visto e conhecido em vez de ao que poderá se tornar disponível uma vez que decidam fazer algo. Muitos recursos adicionais podem ser descobertos por pessoas proativas que exercem a iniciativa, a criatividade e o pensamento empreendedor.

4. Defina o acompanhamento. Como podemos avaliar nosso progresso? Como prestamos conta do que estamos fazendo? Como podemos medir os resultados? Que critérios indicarão a realização dos resultados desejados? A quem devemos prestar contas? Quando e onde o processo de acompanhamento ocorrerá?

O acompanhamento inclui a autoavaliação, usando informações dos stakeholders e a contabilidade financeira. Você não está apenas dizendo: "Acho que fiz um bom trabalho." Você tem informações objetivas e o feedback enviado regularmente pelos stakeholders. Você avalia seu desempenho em função dos resultados desejados especificados no acordo. O acompanhamento cria integridade em torno do acordo. As pessoas precisam ser consideradas responsáveis não apenas pelo que produzem, mas também pela competência com a qual mantêm e aprimoram a capacidade necessária para produzir os resultados desejados.

A parte mais difícil na configuração dos acordos de ganho mútuo é criar um conjunto claro e abrangente de critérios para a avaliação de desempenho. Esses critérios devem ser mensuráveis, observáveis e discerníveis.

5. **Determine as consequências.** Por que estamos tentando fazer isso? Quais são as consequências naturais e lógicas de alcançar ou não alcançar os resultados desejados?

- As *consequências lógicas* estão relacionadas com a sua remuneração, o âmbito da sua função ou do seu cargo, privilégios, oportunidades de promoção, de treinamento e desenvolvimento, redução ou aumento da gestão ou controle, disciplina e outros fatores

- As *consequências naturais* estão relacionadas com o que acontece naturalmente se você alcançar ou não os efeitos desejados. Você perde uma fatia do mercado? Isso afeta o resultado final? Outras pessoas são afetadas? O que acontece quando tarefas não são cumpridas? O que acontece se você tiver um desempenho excepcional? Você consegue ver o que isso faz, como adiciona valor ao cliente, como ajuda os fornecedores a reduzirem os custos e o tempo de ciclo?

Identifique as consequências negativas e as positivas, as naturais e as lógicas. Dessa maneira, você explora todas as motivações mais profundas, mais elevadas e mais importantes.

RESOLVENDO AS DIFERENÇAS

Quanto tempo você passa tentando corrigir, redefinir ou resolver problemas nas suas interações com os outros por não ter sido claro nessas cinco questões? Constatei que as pessoas tendem a passar 60 por cento do seu tempo lidando com os efeitos de expectativas obscuras.

A frustração é uma função das expectativas. Você e aqueles com quem trabalha ficarão constantemente frustrados se não houver clareza a respeito dos resultados desejados, das diretrizes, dos recursos, do acompanhamento e das consequências.

É claro que você deve esperar ver as coisas de uma maneira diferente quando começa a criar acordos administrativos. Lembre-se do seguinte: *valorizar a diferença é o começo da sinergia*. Ao criar e rever os acordos de desempenho, você coloca as questões em discussão antes que elas causem problemas, buscando soluções que são uma terceira alternativa. Você não anda pisando em ovos ao redor das questões nem vive com as consequências negativas de problemas não resolvidos e sentimentos não compartilhados.

Em vez disso, você lida com as diferenças e as resolve de três maneiras: 1) *Você pensa no ganho mútuo*. Você se compromete a interagir até conseguir propor uma solução com a qual ambos se sintam à vontade. Você identifica o que constituiria um "ganho" tanto para a outra pessoa quanto para você. 2) *Você procura, primeiro, compreender*. Você pergunta: "Qual é o problema a partir do ponto de vista da outra pessoa?" Você ouve com a intenção de compreender, não de retrucar, e se dedica a isso até conseguir expressar o ponto de vista da outra pessoa melhor do que ela própria é capaz de fazer. 3) *Você se envolve com uma interação sinérgica para descobrir soluções que são uma terceira alternativa.* Você usa a criatividade e abre a mente, criando uma lista de opções que satisfazem os critérios estabelecidos.

OS OITO ERROS MAIS COMUNS

Os executivos costumam cometer oito erros quando lideram pessoas usando acordos de desempenho.

1. Deixam de colocar as pessoas diante da realidade do seu desempenho. Acredito que insultamos as pessoas quando não as colocamos a par do seu desempenho, usando um feedback objetivo de vários stakeholders. Quando evitamos essas avaliações, despojamos as pessoas de sua condição humana. Basicamente, nós as removemos da humanidade dizendo ou sugerindo o seguinte: "Você não é capaz de lidar com essas informações; não é resistente o bastante. Não acredito em você o suficiente; portanto, não vou mostrá-las." Se evitar a avaliação, você permanecerá em um estado de negação até que o mercado o obrigue a lidar com o problema, quando, então, terá de ser realmente duro, tomar medidas draconianas e violar os valores positivos da cultura.

Em nossa empresa, temos enfatizado o acompanhamento e as consequências em nossos acordos de desempenho. A avaliação deve ser uma função da negociação baseada em princípios, não no tráfico de influências. A não ser que as pessoas apresentem um desempenho maravilhoso, elas deverão se sentir muito constrangidas ficando onde estão. Na realidade, ao usar essa abordagem, você se livra de funcionários preguiçosos, incompetentes e desonestos sem precisar demiti-los. Se você tiver um processo de acompanhamento claro e consequências bem-definidas, os desinteressados pedirão demissão. Eles saberão que a mediocridade não é aceitável.

2. Especificam métodos em vez de fornecer diretrizes. As diretrizes não incluem métodos sobre como ir daqui até lá, porque isso desencoraja o uso de criatividade, inventividade, engenhosidade e iniciativa para fazer o que for necessário e obter os resultados desejados. Se você especificar métodos, reduzirá o poder das pessoas, pois você mesmo está assumindo a responsabilidade pelos resultados. E nunca obterá um desempenho excepcional, porque carregará o peso morto de todos que esperam por suas instruções. O desempenho excepcional e a alta produtividade acontecem quando pessoas a quem poderes foram delegados assumem o compromisso interior de fazer o que for necessário, dentro das diretrizes, para executar as tarefas.

A frustração é uma função das expectativas.

3. Não compreendem que os cinco elementos do acordo de desempenho são flexíveis. Por exemplo, se há uma pessoa em quem se deposita uma grande confiança por causa de sua competência e de seu caráter, seu acordo com ela deverá ter mais resultados desejados, menos diretrizes, menos recursos imediatos, acompanhamento e medidas qualitativas e quantitativas menos frequentes, além de consequências menos imediatas, mas talvez mais intensas. Se, por outro lado, há uma pessoa em quem não se confia devido à falta de capacidade ou integridade, você deverá então ter menos resultados desejados, mais diretrizes, mais recursos acessíveis, um acompanhamento mais frequente e mais consequências imediatas. Por conseguinte, você pode variar o uso desses cinco elementos do acordo de desempenho de ganho mútuo dependendo do nível de maturidade, do caráter e da competência do funcionário e da gerência.

4. Deixam de concordar sobre os níveis de iniciativa. Concordar com relação ao nível de iniciativa evita problemas. Um garçom que tem a iniciativa de oferecer uma refeição de cortesia para um cliente insatisfeito em um restaurante pode ser demitido em outro estabelecimento pela mesma ação. Um acordo pode conter diferentes níveis de iniciativa para diferentes funções. Um assistente poderia estar no nível três ao lidar com a correspondência ou cuidar dos problemas de equipe, e no nível cinco ao lidar com visitantes e telefonemas recebidos. Os níveis de iniciativa podem mudar à medida que a capacidade e a confiança aumentam. Correlacione o nível de iniciativa com a capacidade da pessoa.

5. Deixam de enfatizar a importância de manter e expandir a capacidade de desempenho quando especificam os resultados desejados. As pessoas tendem a desprezar o que é importante, porém não necessariamente urgente. Um dos motivos para isso é o fato de os sistemas de remuneração inclinarem-se a recompensar aqueles que obtêm resultados, mesmo que essas pessoas arrasem relacionamentos e destruam o potencial de reproduzir seus resultados. Por isso, os acordos de desempenho precisam abordar quanto a pessoa mantém a capacidade vital de continuar a produzir resultados desejados.

6. Deixam de desenvolver critérios para o acompanhamento. Você precisa especificar critérios como velocidade, tempo de ciclo, datas de entrega, bem como outros parâmetros mensuráveis e imensuráveis. Você precisa de medidas duras e brandas, e de um sistema de informações dos stakeholders que forneça dados de maneira sistemática. Sem ele, você tem apenas o feedback da contabilidade financeira.

7. Deixam de aliar a missão e sistemas operacionais. Recentemente, em um aeroporto, pedi a um funcionário de uma companhia aérea para fazer algo que estava fora do seu procedimento operacional padrão. Ele queria atender à minha solicitação, mas os sistemas de informações e acompanhamento com os quais trabalhava o impediram de fazer o que eu lhe solicitara. Ele não pôde contar com o apoio de estruturas e sistemas associados que o auxiliassem.

8. Elaboram um acordo de desempenho sem ter um relacionamento com a pessoa. Essa abordagem de ganho mútuo pode resultar em uma gestão mecânica e transacional, ou em uma liderança transformacional e sinérgica, dependendo do relacionamento. Com excessiva frequência, ela acaba sendo uma transação ganha/perde que é imposta ao funcionário ou à equipe; ou em uma transação perde/ganha devido à necessidade exagerada de popularidade e aceitação do líder; ou ganha/perde por causa do poder da contracultura de exigir que as coisas sejam do seu modo. Tanto as tendências ganha/perde quanto as perde/ganha fazem com que os acordos de desempenho fracassem.

Esclarecer as expectativas logo de início contribui consideravelmente para a qualidade de vida e o desempenho. Nada, exceto o desempenho excepcional, possibilitará que sejamos competitivos em uma economia global.

Este artigo foi publicado originalmente na revista *Executive Excellence*, com o título "Performance Agreements". (*N. do E.*)

11. A ética da total integridade

Stephen R. Covey
Agosto de 1995

Podemos desenvolver a nossa própria benevolência em nossas empresas se nossa integridade for uma consequência natural de nossa humildade e coragem.

Acho que o chamado "movimento da ética" dos últimos anos tem levado muitas empresas a seguir um caminho errado. Muitos líderes confundem questões éticas com questões legais, ou adotam uma abordagem departamental ou divisional da ética em vez de uma abordagem integrada e orgânica.

Com uma abordagem orgânica, o executivo enxerga tudo, naturalmente, por uma lente ética; por conseguinte, tudo está integrado, em vez de visto em diferentes molduras.

Além disso, com uma abordagem orgânica, a pessoa pode ser sincera. A palavra latina *sinecera* significa literalmente *sine* (sem) e *cera* (cera)... "sem cera". Isso quer dizer, sem cosméticos, sem fingimentos, sem se apoiar na personalidade, nas relações públicas e nas aparências — ou no que *parece* ser. A ética da personalidade consiste totalmente no *que parece ser*.

Debatendo-se com questões de integridade, Hamlet, de Shakespeare, diz o seguinte: "Ser ou não ser, eis a questão." E reflete: "Harmonize a ação com a palavra, a palavra com a ação." Por fim, raciocina: "O que é um homem se o seu melhor uso e aproveitamento do tempo é comer e dormir? Aquele que nos criou com tanto entendimento não nos deu essa capacidade e razão divina para que mofem em nós, sem uso." Para sua mãe, a rainha, Hamlet responde: "Parece, senhora? Não, é! Não conheço o parece."

Para os executivos que perderam a integridade, o *parece* é tudo o que conhecem. Vivem e trabalham em um mundo de *parecer ser* algo que eles não são. Eles se preocupam mais com a maneira como os outros os veem do que com quem eles são. São atores que usam cera para cobrir operações secretas ou manter a imagem.

Recentemente, quando eu estava trabalhando no estado da Carolina do Norte, ganhei uma camisa com o lema do estado em latim, *Esse quam videri*, que quer dizer: *Ser em vez de parecer*.

Esse deveria ser o lema de todos os executivos. Infelizmente, o "parecer ser" costuma substituir a verdadeira integridade. É "parecer" em oposição a "ser." Não é nem integral nem integrado, e sim parte de uma divisão ou departamento.

TRÊS GERAÇÕES

Então, como chegar à integridade?

Vejo a integridade como filha de dois traços básicos do caráter: da mãe humildade e do pai coragem.

Primeira geração: a mãe humildade. A mãe humildade significa sua compreensão de que, ao longo do tempo, são os princípios ou as leis naturais que, em última análise, governam, e não os valores sociais ou caprichos e desejos pessoais. A abordagem soberba e arrogante reflete-se em informações como: "estou no controle" e "estou no comando do meu destino". Esse tema, tão comum em grande parte da literatura de sucesso em décadas recentes, é um produto do sistema de valores sociais. Mas nossos valores sociais talvez não estejam baseados em princípios completamente estáveis e sólidos, e sim nas areias movediças do ego e da opinião. O presidente de uma empresa de comunicação internacional certa vez me disse: "Stephen, a nossa companhia é orientada por valores."

Repliquei: "Toda empresa é orientada por valores. A questão é se os valores baseiam-se em princípios intemporais, que são aqueles que, de qualquer modo, controlam no final."

Ele disse: "Acho que sim." E me mostrou a declaração de valores da empresa, que incluía muitos ideais, entre eles o seguinte: "Estamos comprometidos com a prática de todos os valores louváveis que expandem o mérito das pessoas e fortalecem nossas comunidades."

Quando perguntei quais eram os valores essenciais, ele mencionou os seguintes: *honestidade, qualidade, serviço, lucratividade, sensibilidade, sinceridade* e *padrões éticos e morais elevados*.

Respondi: "Certamente não há nada errado com esse conjunto de valores corporativos, pois estão estreitamente associados com princípios duradouros. No entanto, o mais importante é que você os integre às operações do dia a dia."

Eu estava tentando ensinar o que todo funcionário já sabe: *elevados padrões éticos e morais são mais bem-enfatizados pelas atitudes e ações de pessoas em todos os níveis hierárquicos do que simplesmente com palavras em um pôster na sala da diretoria*.

Esse humilde líder empresarial entendeu bem a importância de ser coerente com o próprio discurso — e de garantir que o discurso, o sistema de valores corporativo, esteja baseado em princípios. Ele compreendeu que não estamos no controle, que quem controla são as leis e os princípios naturais, e que a atitude de humildade é, em certo sentido, a mãe de todas as virtudes, porque todas elas emergem desse espírito de submissão.

O pai coragem. O pai de todas as virtudes é a coragem, porque ela é a maior das qualidades no seu ponto de teste mais elevado. Com o tempo, todos os valores são testados. A questão principal é se vamos ou não alinhar nossos valores, nossa vida e nossos hábitos com esses princípios. Mais uma vez, "ser ou não ser" é a grande questão.

Em outras palavras, vamos realmente fazer isso? Podemos ser humildes, mas somos corajosos? Vamos, efetivamente, nadar contra a corrente, contra valores sociais muito poderosos e também contra as tendências interiores habituais de nossa própria natureza? O "melhor uso e aproveitamento do tempo" será comer e dormir? Ou faremos bom uso de nossa "faculdade infinita, forma admirável e razão divina"? Nós não o faremos se carecermos da coragem de agir movidos por nossas crenças essenciais. Na realidade, nossas iniciativas centradas em princípios provavelmente serão derrubadas e achatadas pela última onda de valores sociais badalados.

Segunda geração: a filha integridade. Quando você tem humildade e coragem, naturalmente produz a filha integridade da "segunda geração". Integridade significa que sua vida está integrada em torno de princípios e que sua segurança vem de dentro, não de fora. Também significa, como sugeriu o meu amigo, manter "os níveis mais elevados de honestidade e credibilidade em todos os relacionamentos".

Você não terá a filha integridade se não tiver a mãe humildade, ou se for humilde mas carecer da coragem de agir movido por sua convicção. Em vez disso, você terá duplicidade, hipocrisia e a ética da personalidade. A falsa integridade significa que a segurança ainda reside fora de você — na medida em que você é aceito a partir de fora, e na medida em que você se compara ou compete favoravelmente com outras pessoas.

Terceira geração: os frutos da integridade. A terceira geração é formada pelos numerosos frutos ou filhos da integridade.

- Uma das filhas da integridade é a *sabedoria*. Se a segurança vem de dentro, você simplesmente tem mais bom senso. Você não está em um estado no qual tem uma reação exagerada; não dicotomiza; não faz tempestade em copo d'água; não é extremista; tem mais equilíbrio global na vida. Com sabedoria, enxerga pela perspectiva e proporção corretas; não reage exageradamente e tampouco deixa de ter a reação apropriada quando necessário. Você "harmoniza a ação com a palavra, a palavra com a ação".

- Uma segunda filha da integridade é a *mentalidade de abundância*. Quando a segurança vem de dentro, você não fica em um estado de constante comparação vindo de fora. Consequentemente, você pode ter uma atitude de abundância com relação à vida. Você vê a vida como um círculo de recursos em eterna expansão, quase como uma cornucópia que vai ficando cada vez maior. Como diz Hamlet: "Não há nada bom ou mau; é o pensamento que o faz assim."
- Uma terceira filha da integridade é a *sinergia*. Você pode produzir ideias melhores, pensamento transformacional e espírito de parceria de ganho mútuo quando sua segurança não existe em função de como as pessoas o tratam, ou de como você se compara aos outros. Você pode expressar suas ideias com coragem e consideração, com a intenção de encontrar a melhor alternativa possível, e não de simplesmente agradar ou aplacar os outros.
- Outro doce fruto da integridade pessoal e organizacional são os *relacionamentos de confiança com todos os stakeholders*. Obviamente, a confiança aumenta quando você constrói sua credibilidade com base na confiabilidade. Você simplesmente não pode ter relacionamentos integrais sem uma genuína integridade pessoal; do mesmo modo, os relacionamentos corporativos com os stakeholders sofrerão com violações da ética. Muitos benefícios empresariais fundamentais — entre eles competitividade, flexibilidade, receptividade, qualidade, valor econômico agregado e o serviço de atendimento ao cliente — dependem de relacionamentos de confiança.

PROGRAMAS DE ÉTICA CORPORATIVA

Com tanto apoio na integridade, por que as violações éticas, tanto no âmbito individual quanto no corporativo, são tão comuns? Será, em parte, porque os cursos universitários e programas de ética organizacionais bem-intencionados não funcionam?

Ao longo dos últimos 15 anos, presenciamos uma forte ênfase nessa questão, com a dimensão ética sendo amplamente introduzida em lugares como os programas de MBA, o governo, as pequenas empresas e as grandes corporações.

As organizações gastam muito dinheiro em programas com essa temática. Infelizmente, de acordo com um diretor de ética que se aposentou recentemente:

> *Alguns executivos estão basicamente preocupados com sua imagem pública e a maneira como são vistos. Na verdade, o programa de ética frequentemente é iniciado como resposta a um protesto do público ou a uma investigação interna. Os diretores de ética atuam como um ponto de contato para denunciantes e pessoas sem poder de decisão e desinformadas que não conhecem outra maneira de resolver o problema. Quando os executivos acham que os fins justificam os meios, as pessoas captam os sinais. Elas observam quem é contratado, promovido e recompensado — e por quê. Elas veem quem escapa impune de seus erros e quem tolera um comportamento inadequado. Ter um programa de ética pode tornar as pessoas mais sensíveis a questões como assédio sexual ou linguagem sexista, mas elas raramente interrompem ou mesmo desaceleram a avalanche do comportamento antiético. Na realidade, o programa pode apenas fazer com que o comportamento antiético seja mais acobertado, tornando as pessoas ainda mais sorrateiras.*

> *Toda empresa é orientada por valores. A questão é se os valores se baseiam em princípios intemporais.*

Essa é uma abordagem fundamentalmente problemática, porque não envolve a humildade — aceitar princípios, harmonizar-se com esses princípios, submeter-se a eles e obedecê-los. Ela diz mais respeito ao orgulho. À medida que as universidades e as corporações incluem aulas ou departamentos ligados à ética, as pessoas começam a ver as questões através desse sistema de referência departamental, em vez de ter sua perspectiva governada por um sistema de referência central, a lente da integridade.

O dilema da ética é análogo ao da qualidade. Não podemos inspecionar ou administrar internamente a qualidade; temos de projetá-la e construí-la desde o início. Do mesmo modo, não podemos fiscalizar a ética interiormente. Em vez disso, precisamos construir um sistema de referência ético, por meio de uma parceria integrada com todos os stakeholders. Quando todo mundo aceita a responsabilidade pessoal de se comportar de maneira ética, você praticamente não precisa nem pensar a respeito dela, porque tal comportamento passa a fazer parte da sua natureza, não de algum departamento artificial.

Quando os líderes estão abertos e são corretos no cumprimento dos códigos éticos, eles inspiram outras pessoas a fazer o mesmo. Certo líder, ao deixar o cargo de presidente de uma grande universidade, foi elogiado pelo chefe do conselho administrativo: "Alguns alcançam o apogeu do sucesso profissional, social ou financeiro usando métodos tortuosos e até mesmos nocivos. Outros podem ser mais virtuosos, porém ainda exibem uma falta de sensibilidade para com os entes queridos, amigos e colegas à medida que vão galgando os degraus em direção ao topo. Aqueles que combinam a honra, integridade, dedicação e sensibilidade com a família e amigos são, efetivamente, muito raros."

Com excessiva frequência, a ética está separada da realidade da organização. Os especialistas no assunto podem se reunir e conversar, mas a maior parte da sua prática é reativa, em resposta a pessoas que não são coerentes com o próprio discurso, sentindo que o único erro é ser apanhadas. Eles podem lidar com uma queixa para moderar uma ação judicial, mas não agem de maneira preventiva ou integrativa.

Enquanto existir grande disparidade e pouca integração entre a postura ética corporativa e o comportamento individual, as pessoas não sentirão qualquer obrigação de viver de acordo com os códigos de ética corporativos.

Sua visão, missão, ética e suas declarações de valores serão ainda mais valiosas se você não apressar o processo criativo, anunciar o resultado e depois desconsiderar ou desprezar o documento como um exercício formal inexpressivo. Ao envolver as pessoas na criação do código e passar a revê-lo regularmente com elas, você incorpora a humildade cultural (a aceitação de um sistema de valores baseado em princípios) e a coragem (enfrentando estruturas e sistemas tradicionais contrários a esses princípios, e alinhando seu estilo pessoal com essas estruturas e sistemas).

A declaração de ética torna-se uma constituição quando se estabelece como o centro a partir do qual tudo o mais emana. Você, então, não tem esse "parecer ser" em várias áreas. Nas organizações íntegras, a ética não é apenas outro departamento. A organização atua como uma segunda família. Muitos funcionários da rede de hotéis Ritz Carlton, por exemplo, realmente aguardam com prazer a hora de ir para o trabalho porque encontram mais harmonia, aceitação, integridade e senso de identidade lá do que conseguem encontrar no seio da própria família. As pessoas são humildes porque sabem que as leis naturais e os princípios governantes estão no controle — e não indivíduos, programas e políticas. Elas não apenas acreditam em princípios intemporais, como também têm a coragem de agir movidas por eles.

Este artigo foi publicado originalmente na revista *Executive Excellence* com o título "Ethics of Total Integrity". (N. do E.)

Parte 3

Organização

12. As chaves da transformação

Stephen R. Covey
Janeiro de 1996

Imagine se pudesse transformar uma cultura baseada no antagonismo, legalismo, protecionismo e na política em uma cultura baseada em leis ou princípios naturais; você seria muito bem recompensado. Economizaria muito dinheiro aumentando a amplitude de controle e aproveitando melhor a energia e o talento das pessoas.

O mundo está passando por transformações revolucionárias que mudarão para sempre a maneira como muitas empresas operam. As pessoas, os produtos e as empresas que não estiverem atentos a essas mudanças em pouco tempo se tornarão obsoletos. Embora alguns céticos possam aceitar a defasagem como uma consequência inevitável da mudança, os proativos inovam e aumentam a participação no mercado. Esses executivos identificam as tendências e depois se transformam com elas.

É claro que a mudança traz riscos. Por causa do risco e do medo do fracasso, muitas pessoas resistem à mudança. Aquelas que se adaptam bem à mudança têm um conjunto de valores imutáveis em seu interior, e o seu comportamento é coerente com esses valores. Essa integridade propicia uma base de segurança a partir da qual elas lidam de uma maneira eficaz com a transformação.

COMECE PELO EU

Não podemos falar seriamente sobre transformar organizações sem primeiro falar a respeito de modificar a nós mesmos individualmente. O segredo para influenciar as massas é entrar em contato com cada um, começando pelo eu, pois o que é mais pessoal, em última análise, é mais universal.

Pense nisso. Não é ridículo imaginar que seria possível remodelar uma cultura sem que os indivíduos que a compõem se transformassem? Para mim isso é óbvio e, no entanto, esse tipo de pensamento é comum: *tudo nesta organização deveria mudar, menos eu.* Se você fizer de si mesmo a exceção, esqueça a transformação.

Suponha, por exemplo, que você deseja transformar ou reformar a velha casa onde mora. Inicialmente, você espera conseguir fazer a obra rapidamente, sem perturbar sua qualidade de vida, seus padrões familiares e hábitos pessoais.

Mas ao começar, de fato, a projetar, planejar, orçar, programar e negociar com prováveis empreiteiros e decoradores, você logo se dá conta de que o trabalho demorará mais tempo, custará mais caro, perturbará sua família e envolverá muito mais coisas do que se atreveu a imaginar. Você também compreende que, mesmo usando uma abordagem "cosmética" — apenas mudando alguns objetos e peças de lugar, pintando as paredes, acarpetando o piso e colocando um revestimento nas paredes externas —, terá de conviver com vários problemas que o incomodam há anos, como mau aproveitamento do espaço, encanamento defeituoso, má iluminação, péssimo isolamento, aquecimento e ar-condicionado ineficazes.

Você percebe que a própria natureza das coisas precisa mudar porque suas necessidades se alteraram. Você se dá conta de que não há como permanecer na casa e acomodar as necessidades da sua família que está aumentando, bem como as crescentes exigências de um ambiente em transformação, sem assumir um importante compromisso.

A transformação começa no momento em que você se compromete a mudar. É quase axiomático dizer que a mudança pessoal precisa acompanhar a mudança organizacional; caso contrário, a duplicidade produzirá ceticismo e instabilidade.

Tentar modificar sua cultura ou estilo de gestão sem primeiro alterar seus hábitos é como tentar melhorar o nível do seu jogo de tênis sem antes desenvolver os músculos que possibilitem que você jogue melhor. Algumas coisas necessariamente precedem outras. Você não pode correr antes de andar, ou andar antes de engatinhar. Tampouco você pode mudar sua cultura sem antes modificar seus hábitos pessoais.

O que acontece quando as pessoas entram em um ambiente político e sentem que estão sendo injustiçadas? Elas organizam manifestações e procuram criticar e atribuir a culpa pelas injustiças que estão sofrendo a pessoas e condições que estão fora de seu controle direto, alimentando a sensação de opressão, de serem "vítimas do sistema". Elas clamam pela reparação das injustiças percebidas como tais, seja formando um sindicato, procurando uma legislação social ou oferecendo resistência coletiva. Essas medidas atendem à necessidade social de fazer parte de um todo maior, à necessidade psicológica de usar energias e talentos criativos, e à necessidade espiritual de ter um propósito. No entanto, as empresas tendem a se tornar um lugar no qual quem manda é a política e onde as pessoas estão constantemente tentando ler o futuro na borra do café.

Culturas desse tipo geram dependência, e não podemos conferir poder a pessoas dependentes. É por esse motivo que a maioria das iniciativas de empoderamento não funciona. As pessoas podem agir como se fossem independentes e tivessem poder, mas elas costumam ser imprudentes — e quando disparam nas direções erradas, os executivos retornam ao modo de controle, usando o poder coercitivo ou da obtenção de vantagem: "Se você fizer isto, faremos aquilo." Mas os antigos métodos não funcionam com novos desafios. Hoje em dia, nada é mais malsucedido do que o sucesso passado.

Nada muito importante se modificará da maneira como queremos em nossa família, organização e nação enquanto *nós* não mudarmos e não nos tornarmos parte da solução que buscamos. É difícil ser uma luz quando bancamos o juiz o dia inteiro. A verdadeira mudança começa *comigo*, com minha família e com minha casa. Nas organizações, começa quando reconheço que, *se quero que isso aconteça, isso depende de mim*: "Meu círculo de influência não apenas precisa ser mais amplo, e cada vez mais expansivo, como também devo mudar a natureza das minhas atividades para que eu fique em harmonia com a natureza das atividades que atuam no mercado de trabalho."

Imagine tentar criar uma cultura que seja rápida, flexível, centrada e amigável sem que as pessoas o sejam. O psicólogo William James disse que para mudar um hábito, primeiro precisamos assumir um profundo compromisso de pagar o preço que for necessário para mudá-lo; depois, devemos aproveitar a primeira oportunidade para utilizar a nova prática ou habilidade; e por último, não devemos admitir qualquer exceção enquanto o novo hábito não estiver firmemente incrustado em nossa natureza.

DEZ CHAVES MESTRAS

Eis dez chaves para a transformação que funcionam a qualquer hora, em qualquer lugar:

1. A transformação começa com a crescente conscientização da necessidade de mudança. Precisamos estar mais conscientes de onde estamos com relação a onde queremos estar. Não podemos nos manter em estado de negação a respeito da necessidade de mudança ou do tipo de empenho e esforço que ela exigirá. Não raro, a maior conscientização é proveniente de um feedback de 360 graus no trabalho, que torna a negação difícil, e de um sistema de informações dos stakeholders e de acompanhamento que impulsionam o processo de transformação.

2. **O passo seguinte é entrar em um processo de "missão conjunta", alinhando sua missão pessoal com a da sua organização.** A melhor maneira de fazer isso é por meio do envolvimento e da participação. As pessoas precisam decidir por si mesmas que impacto a mudança terá sobre elas e qual será sua esfera de influência. Quando aqueles que estão a seu redor compartilham a mesma missão, você tem o reforço natural na cultura para perpetuar a mudança.

3. **Construa um sentimento de segurança interior.** Quanto menos segurança interior as pessoas têm, menos conseguem se adaptar à realidade externa. Elas precisam sentir que a terra não se abrirá debaixo de seus pés. Caso tentem extrair previsibilidade da estrutura e dos sistemas, elas apenas criarão burocracia — organizações fossilizadas incapazes de se adaptar rapidamente a mudanças no mercado. As pessoas só mudarão de bom grado se tiverem segurança interior. Se a segurança delas estiver do lado de fora, encararão a mudança como uma ameaça. Precisamos de uma sensação de permanência e segurança. Viver sobre solo instável o tempo todo é como enfrentar um terremoto todos os dias.

4. **Em seguida, você tem de tornar a mudança legítima no nível pessoal.** Se você der às pessoas uma profunda experiência de aprendizado sobre ouvir com

empatia, por exemplo, no dia seguinte elas poderão fazer algo a respeito disso. Mas se você pedir que façam algo na véspera, elas reclamarão. Possivelmente farão as seguintes perguntas: "O que você está tentando fazer? O que há de errado com a maneira como fizemos isso até agora?" As pessoas precisam reconhecer o seguinte: "Preciso de algo que não tenho agora." E elas sabem que isso não vai acontecer se apenas ficarem visualizando essa transformação e torcendo para que ela aconteça. O processo envolve uma mudança de mentalidade e do conjunto de habilidades. Elas precisam pagar o preço em um processo de desenvolvimento para conseguir a mudança.

5. Assuma responsabilidade pessoal pelos resultados. Executivos e funcionários frequentemente debatem a seguinte questão: "Que parte desse desenvolvimento deve ser responsabilidade da organização, e que parte deve ser o papel e a responsabilidade do indivíduo?" Na minha opinião, em última análise, a competência cabe ao indivíduo. A pessoa deve dizer: "A organização é um recurso para mim. Posso me valer dele ou buscar outros. Se a organização não se revelar um recurso para mim, terei de obter o conhecimento, as habilidades e o treinamento por conta própria."

Mas se olharmos para o treinamento com os olhos de um diretor executivo, eu diria: "De fato, em última análise, o indivíduo é responsável, mas precisamos criar um ambiente que ofereça apoio e fornecer alguns recursos para ajudar as pessoas a desenvolver as habilidades de que precisamos para ser competitivos." Atualmente, muitos governos oferecem incentivos fiscais para treinamento e desenvolvimento, encorajando as empresas a investir na saúde da "galinha" que bota os ovos de ouro.

6. Enterre o velho. Muitas vezes é preciso que haja um "batismo" — um enterro simbólico do velho corpo para assumir um novo corpo, um novo nome, uma nova posição, um novo lugar, um novo idioma e um novo espírito. Isso não simboliza que você tenha rejeitado o velho, e sim que você está construindo algo novo sobre os alicerces do velho e seguindo em frente. Já vi isso ser feito com muito êxito quando pessoas se reúnem e enterram as antigas práticas, os antigos costumes e toda a culpa associada a eles. No livro *Passagens*, Gail Sheehy escreve o seguinte: "Assim como a lagosta, nós também precisamos nos livrar de uma estrutura protetora a cada passagem de um estágio de crescimento humano para o seguinte. Isso nos deixa expostos e vulneráveis, mas também novamente vigorosos e embrionários, capazes de expandir-nos de maneiras antes desconhecidas."

Esses períodos de transição também se tornam algo que as pessoas podem contemplar e a respeito da qual podem rir. Se elas não se levarem excessivamente a sério, conseguirão dizer: "Estaremos fazendo mudanças pelo resto da nossa vida. Esse processo de mudança não é algo que acontece uma única vez."

7. Abrace o novo caminho com espírito de aventura. O próprio processo de mudança precisa mudar. Primeiro, a organização deve estar centrada em leis naturais e princípios duradouros, porque essas leis funcionarão, de qualquer jeito. Não podemos transformar um local de trabalho politizado em uma cultura de qualidade se não nos respaldarmos em princípios; caso contrário, não teremos a base necessária para apoiar iniciativas de reforma.

Os líderes centrados em princípios criam uma visão comum e procuram reduzir as forças limitadoras. Aqueles focados em lucros costumam tentar aumentar as forças motrizes. Eles podem obter melhoras temporárias, mas estas criam tensões — que transformam-se em novos problemas e passam a requerer novas forças motrizes. O desempenho cai à medida que as pessoas ficam fatigadas e céticas. A gestão por impulsos conduz ao gerenciamento de crises.

8. Esteja aberto a novas opções. Uma mudança de grande porte requer espírito de aventura, pois você se encontra em um território desconhecido. Você não sabe o que acontecerá ou quais cartas terá nas mãos, mas está animado para descobrir e reagir da maneira apropriada.

Sugiro que você entre em uma negociação ou transformação dizendo: "Vamos começar pensando no fim. Pensar no fim significa que teremos uma solução melhor do que aquela proposta por qualquer um de nós agora. Não sabemos qual será esse fim. É algo que resolveremos juntos. Buscamos a sinergia. Ter a mente aberta nos tornará mais imunes ao pensamento dicotômico, do tipo 'ou-ou'. Portanto, da próxima vez que tivermos um problema entre nós, poderemos procurar algo melhor — uma terceira alternativa." Se "o fim em mente" for mais um espírito, uma filosofia ou um relacionamento do que um resultado específico, você poderá ficar aberto a novas opções.

9. Busque sinergia com outros stakeholders. Certa vez, eu estava conversando com um diretor executivo, ajudando-o a preparar um importante discurso no qual ele queria tratar da "piora dos relacionamentos" dentro da organização. Eu aventei que as relações estremecidas costumam ser um sintoma de males mais profundos dentro da cultura — males como o espírito de beligerância e o de antagonismo na maneira como as pessoas resolvem os seus problemas. Mostrei a esse diretor como os hábitos de interdependência, empatia e sinergia representam uma forma de lidar com questões difíceis e, ainda assim, mantêm bons relacionamentos de trabalho. Ele disse: "Outro dia, me reuni com um adversário e disse a ele: 'Vamos deixar que o espírito da sinergia seja o espírito de nossa interação.' Ele concordou, e a nossa reunião foi produtiva!"

10. O fator-chave é o propósito transcendental. Hoje em dia, vivemos tão soterrados debaixo de interesses particulares e especiais que não compartilhamos um propósito transcendental. Em certa ocasião, quando me reuni com um grupo de generais, observei que era muito mais difícil para eles afirmar a sua missão em tempos de paz do que em tempos de guerra. Eles são muito mais centrados quando têm um inimigo a combater. Mas a maioria das batalhas territoriais bloqueia as transformações, porque ficamos preocupados demais em proteger nossos interesses particulares para poder ter o incentivo e a motivação para transformar-nos. Quando enxergamos o mundo em termos de "nós contra eles", entramos em um processo de transações, não de transformações. Os verdadeiros líderes "transformam" pessoas e organizações. Promovem transformações na sua mente e no seu coração, ampliam sua visão e compreensão, esclarecem as metas, tornam os comportamentos congruentes com as crenças, os princípios e os valores, e implementam transformações permanentes, que se autoperpetuam, e cujo ímpeto é cada vez maior.

Este artigo foi publicado originalmente na revista *Executive Excellence* com o título "Keys to Transformation". No Brasil, a revista Exame publicou uma tradução deste texto em abril de 1996. (*N. do E.*)

13. Cultura adaptativa

Stephen R. Covey
Outubro de 1995

Você não pode ser rápido e flexível em resposta às solicitações dos clientes e às mudanças ambientais se não tiver um núcleo imutável.

Certa vez, eu estava indo de carro da minha cabana nas montanhas para o aeroporto internacional de Salt Lake City e me atrasei 35 minutos devido à construção de uma estrada no cânion. Corria o risco de perder meu voo para Seattle, onde eu daria uma palestra para centenas de pessoas. Então, liguei do meu celular para a companhia aérea para ver se eles poderiam me ajudar.
"Como posso ajudá-lo, Sr. Covey?"
"Estou atrasado. Preciso pegar o voo para Seattle. Agradeceria se vocês pudessem estacionar o meu carro", respondi, explicando a situação. O homem enrolou, pigarreou, e basicamente disse o seguinte: "Nós não estacionamos carros."

Argumentei: "Bem, eu vi a sua propaganda. Vocês dizem que deixam os seus clientes extremamente satisfeitos. Eu ficaria encantado se vocês estacionassem o meu carro."

Ele enrolou e pigarreou mais um pouco. Pude perceber que ele não tinha poder de decisão, então pedi para falar com o seu supervisor.

O supervisor veio ao telefone com mais recursos de relações humanas e enrolação, e perguntou: "Como podemos ajudá-lo, Sr. Covey?"

Respondi: "Eu gostaria que vocês estacionassem meu carro."

Ele explicou que o dia estava muito movimentado e que eles estavam com longas filas de clientes. Então comentei: "Bem, eu sou um dos seus melhores clientes!"

Ele contestou: "Sinto muito. Nós simplesmente não fazemos isso. Além do mais, não temos esse tempo e esse tipo de recurso no momento."

Suponho que na última vez em que esse gerente tomou a iniciativa de ajudar um cliente, ele tenha levado uma bronca enorme dos seus superiores. Deve ter ficado com cicatrizes tão profundas que jurou nunca mais fazer nada especial por um cliente para não correr o risco de ser criticado. Dessa maneira, ele aprendeu a citar a política de uma maneira agradável em vez de satisfazer necessidades e resolver problemas. Fundamentalmente, a cultura permanece inflexível.

Eu disse: "Entendo o seu problema, mas você sabe muito bem que, se estivesse disposto a resolver esta situação, descobriria uma maneira."

Mais uma vez, ele hesitou, de modo que afirmei: "Bem, preciso de uma resposta categórica. Qualquer resposta que não seja claramente um *sim* é um *não*, porque não posso deixar o meu carro abandonado na frente do aeroporto."

"Bem, não posso prometer nada."

Então concluí: "Para mim, isso é um não."

Acelerei o carro. Ao chegar ao aeroporto, eu mesmo estacionei automóvel e depois literalmente corri até o terminal de embarque. Cheguei lá sem fôlego, com minha bagagem, no momento em que estavam fechando a porta. Um dos gerentes estava lá para me receber. Ele disse: "Dr. Covey, antes de o senhor embarcar, queremos parabenizá-lo. O senhor é agora membro do clube de um milhão de milhas. Por favor, aceite esta placa para colocar no seu escritório e uma lista de benefícios. Temos muito prazer em tê-lo como cliente."

Esse gesto não teve nada a ver com a outra situação. Foi apenas uma manifestação do serviço de qualidade computadorizado da empresa. "Onde estão os membros do nosso programa de milhagem? Ah, aqui está Stephen Covey. Ele está voando hoje. Ele certamente vai adorar receber este prêmio."

Estacionar o meu carro exigiria uma mudança na cultura, algo que eles não poderiam promover por meio de um computador. Eles inserem o seu programa de qualidade em um sistema automático em vez de introduzi-lo na cultura.

A MUDANÇA NA CULTURA

A maioria dos executivos não entende como mudar a cultura. Eles pensam que ela pode ser manipulada por meio da metodologia de controle ou modificada por meio de estratagemas e charme. Não raro, seus esforços de mudança cultural avançam em direções opostas ao caminho para que eles desejam conduzi-los.

Rosabeth Moss Kanter declarou que "as organizações que sobreviverem serão rápidas, focadas, flexíveis e amigáveis." Como você pode construir uma cultura que poderia ser caracterizada como adaptativa e responsável?

Primeiro, é preciso saber que a cultura é *o sistema de valores compartilhado das pessoas na forma como se manifesta no seu comportamento*. Todos os grupos e organizações têm uma "cultura" porque compartilham certos valores, e seu comportamento e suas atividades são compatíveis com esses valores.

Os relacionamentos confiáveis estão no âmago da capacidade de adaptação. Para que uma organização seja, em última análise, responsiva, horizontal e democrática, sua cultura precisa estar baseada em algo que não mude — em princípios que detenham o controle, em qualquer circunstância. A não ser que tenha um núcleo imutável, você não poderá se adaptar à dinâmica do ambiente em constante transformação.

- *Horizontal.* Um dos princípios que regem a vida é que todas as pessoas têm o mesmo valor e que devemos tratar uns aos outros como iguais nas organizações "horizontais". Caso haja elitismo, arrogância ou um sentimento de que "eu sou mais especial do que você; você é insignificante", isso transformará uma empresa horizontal em vertical. Cada função em uma organização horizontal é igualmente importante, já que é tão imprescindível quanto qualquer outra.

- *Democrática.* Nas organizações democráticas, todas as pessoas seguem os mesmos princípios. Você pode obter democracia, um consenso que satisfaz mas não otimiza, em culturas com baixa confiança. O ideal da sinergia, porém, só é alcançado em culturas com confiança elevada.
- *Flexível e adaptativa.* Flexibilidade e adaptabilidade requerem um alto nível de empoderamento e confiança. A melhor maneira de testar a flexibilidade de qualquer cultura é retirar as pessoas do nível mais baixo do seu procedimento operacional padrão, pedindo que se adaptem à mudança.

Caso esteja tentando administrar a cultura, você está se esquecendo de que os princípios estão no controle. Não raro, você pode fazer muita coisa em curto prazo para impressionar e agradar, mas em longo prazo, para manter relacionamentos confiáveis, é preciso se submeter a princípios consagrados pelo tempo.

FONTES DE SEGURANÇA INTERIOR

Para ter uma cultura responsiva, adaptativa, flexível e democrática, as pessoas precisam ter elevada segurança interior — tanto no nível pessoal quando no organizacional. Se tiverem em seu núcleo algo imutável, elas se adaptarão melhor para satisfazer às necessidades dos clientes e assimilar as realidades de um local de trabalho dinâmico.

Muitas pessoas obtêm segurança de fontes externas — do ambiente, de bens, cargos, programas, direitos adquiridos ou da opinião dos outros. O problema das fontes externas é que elas mudam com o tempo e com as circunstâncias. Se dependermos dessas fontes, nossa vida receberá golpes constantes e será repleta de incertezas.

Precisamos criar a interdependência com fontes de segurança que sejam constantes, independentemente das circunstâncias. A capacidade de reescrever nossa vida e a missão de nossa organização, além de agir baseados em novos roteiros, requer coragem. À medida que cultiva fontes de segurança, você adquire um profundo sentimento de valor pessoal que independe de sua criação, das circunstâncias e da opinião de terceiros.

Como você pode criar a segurança interior no nível pessoal e organizacional?

- **Pessoal.** No nível pessoal, recomendo que você recorra a sete sólidas fontes para construir um valor intrínseco que possibilite sua adaptação às realidades extrínsecas.

  1. Meditação e contemplação. Reserve todos os dias um período para praticar individualmente a meditação, a contemplação e a oração, e também para estudar a literatura sobre autoconhecimento. Muitas pessoas ficam entediadas quando estão sozinhas ou se aposentam, porque a sua vida tem sido um turbilhão de atividades, quase sempre com outras pessoas. Cultive a capacidade de ficar sozinho e pensar profundamente, de desfrutar o silêncio e a solidão, de refletir, escrever, ouvir, visualizar, ponderar, relaxar, preparar e planejar. Essas atividades são fundamentais para sua autovalorização e segurança.

2. Apreciação da natureza. Mergulhe profundamente nas belezas da natureza com a maior frequência possível. Deixe que a magnífica criação derrame tranquilidade, força e beleza sobre sua alma. A natureza é uma das melhores fontes de roteiros porque nos ensina as leis, os princípios e processos naturais. Ao passar algum tempo em belos cenários naturais, você se torna mais contemplativo, mais tranquilo interiormente e mais capaz de pôr de lado a energia negativa que se acumula com programações intensamente competitivas, viagens na hora do rush e reuniões de negócios.

3. Exercício físico e mental. O exercício vigoroso e regular é fundamental para uma excelente saúde. Cultive o hábito de praticar regularmente, pelo menos dia sim, dia não, exercícios de alongamento, aeróbicos e de tonificação muscular.

Quanto ao exercício mental, sugiro o hábito de ler bastante. Faça um curso na faculdade de vez em quando para adicionar disciplina externa e responsabilidade. Leia sobre história, biografias, autobiografias e bons livros de ficção — tudo o que fizer parte da literatura de qualidade. Quando damos continuidade à educação, nossa segurança econômica não depende de nosso emprego e sim de nossa capacidade de criar e produzir.

4. Serviço anônimo e voluntário. Encontraremos nossa vida quando a perdermos no serviço anônimo e voluntário. Se nossa intenção for servir e abençoar os outros sem nos preocuparmos com nós mesmos, um subproduto de nosso serviço ocorre na forma de segurança e paz interior. Essas recompensas frequentemente surgem no calor desse serviço de natureza anônima.

5. Cumpra a sua palavra, diga a verdade. A sinceridade elimina a necessidade de nos envolvermos em comportamentos velados e disfarces. Quando somos sinceros com a consciência, quando cumprimos sistematicamente nossa palavra, quando nos esforçamos para harmonizar nossos hábitos com nossos valores, nossa vida está integrada.

A integridade é a raiz de toda a bondade e a grandeza. A segurança que emerge dela elimina a necessidade de viver para impressionar, de exagerar para causar um efeito, de mencionar o nome de pessoas importantes como se fossem nossas amigas, de extrair força de credenciais, bens, estilos, afiliações, associações ou símbolos de status.

> *Se você tiver relacionamentos pouco confiáveis dentro da empresa, não obterá a resposta rápida, amigável e flexível que necessita.*

6. Amor incondicional de outra pessoa. Uma fonte de segurança interior é outra pessoa que nos ame e acredite em nós, mesmo quando não acreditamos em nós mesmos. São aquelas poucas pessoas que têm uma base e uma raiz tão fortes que podemos depender delas. Elas nos conhecem e se importam conosco; o seu amor é incondicional; e elas permanecerão ao nosso lado quando todas as outras nos abandonarem.

7. O centro divino ou do princípio. Basear nossa vida em uma fonte divina significa cultivar e personificar roteiros divinos e imitar padrões adequados para organizar e direcionar nossa vivência. Isso significa educar e obedecer constantemente a nossa consciência. Quanto mais nos concentramos em princípios duradouros, maiores serão nossa felicidade e nosso crescimento, e teremos mais sabedoria, orientação, segurança e poder para resolver ou transcender nossos problemas e desafios.

• **Organizacional.** No nível organizacional, sugiro cinco fontes de segurança, descritas a seguir.

1. Responsabilidade com relação aos princípios. Mesmo que faça parte de uma organização funcional vertical, você pode optar por ser regido pela mesma visão essencial, pela missão e por um sistema de valores centrados em princípios. Até mesmo o diretor executivo precisa seguir os mesmos princípios. É por esse motivo que dar o exemplo e atuar como mentor a partir de uma profunda sinceridade e integridade é tão fundamental para uma mudança na cultura.

2. Administração de caixa responsável. Embora eu não respalde a ideia de que "nada traz mais segurança do que dinheiro no banco", também sei que nada traz mais insegurança do que gerenciar um negócio no limite de uma linha de crédito. Por boas razões, os humanistas e os especialistas em ética têm atacado o pensamento baseado no resultado final, mas a realidade é que *sem margem de lucro, não há missão.* E quando temos lucro, precisamos de um plano sensato de poupança e investimento para fazer o dinheiro trabalhar para nós. Também precisamos de um sistema aberto de informações financeiras para que todo mundo absorva os dados relevantes e compartilhe o espírito da situação financeira.

3. **Investimento consciente em pessoal.** A segurança e a lealdade são fortemente acentuadas por treinamento e desenvolvimento relevantes. O clichê de que as pessoas "são nossos recursos mais valiosos" só é uma realidade quando elas são bem-treinadas e adequadas aos seus cargos e responsabilidades.

4. **A inovação produz desenvolvimento.** A inovação é a chave para o futuro. Nas empresas de alta tecnologia, é comum constatar que 70 por cento da linha de produção vigente não estava disponível no ano anterior. Tanto os funcionários quanto os clientes precisam ter em mente novos produtos ou melhoras significativas nos produtos existentes para ter uma ideia do futuro.

5. **Relacionamentos baseados na confiança e não no medo.** A concorrência global é tão dura, a mudança, tão rápida e profunda, e a tecnologia, tão poderosa, que é impossível competir sem que uma confiança elevada permeie os membros das equipes.

Se tiver relacionamentos pouco confiáveis dentro da empresa, você não obterá a resposta rápida, amigável e flexível de que necessita, porque as pessoas retêm informações, se recusam a fornecer feedback, são falsas ou protegem o próprio território. Assim, você terá uma cultura discordante e polarizada, sem um sistema de valores compartilhado. Por outro lado, se houver um sistema de valores compartilhado com estruturas e sistemas harmoniosos, as pessoas cujo estilo for incompatível com a cultura se sentirão deslocadas.

Caso não tenha um núcleo imutável, você tende a tornar imutáveis suas estruturas, seus sistemas e processos. As pessoas, então, se agarram a eles, porque é neles que baseiam a sua própria segurança. Você precisa ter algo dentro da cultura que não mude; ou seja, princípios. Tudo o mais mudará na vida, exceto os princípios e a própria mudança.

Este artigo foi publicado originalmente na revista *Executive Excellence* com o título "Adaptive Culture". (*N. do E.*)

14. Sete chaves para o desempenho

Stephen R. Covey
Junho de 1996

O alto desempenho acontece naturalmente quando as pessoas compartilham a mesma missão (têm uma missão comum) e concordam com os princípios básicos.

Como você pode criar um ambiente de trabalho positivo que traga à luz o melhor das pessoas e conduza a um alto desempenho? Acredito, e tenho observado, que o alto desempenho é subproduto de uma cultura que não se baseia em um sentimento de merecimento ou protecionismo, e sim, diretamente, no princípio do "valor agregado".

SETE CHAVES

As sete "chaves" apresentadas a seguir sugerem maneiras pelas quais você pode liderar pessoas em harmonia com o princípio do "valor agregado".

Chave #1. Missão conjunta. Sempre que impõe uma missão ou meta, ou cria um incentivo para outra pessoa, você está usando algum tipo de motivação extrínseca. A motivação externa costuma basear-se em recompensas tangíveis ou psicológicas, e é administrada por meio do pensamento positivo, do estímulo, do reconhecimento e de métodos de recompensa e punição. Embora todo local de trabalho necessite de um grau de motivação extrínseca, a melhor é a intrínseca, aquela que vem de dentro.

Minha experiência sugere que as pessoas serão intrinsecamente motivadas a ter um desempenho excepcionalmente bom, dia após dia, na medida em que tenham amalgamado sua missão pessoal com a missão da organização. Eu chamo isso de *missão conjunta*.

A missão conjunta resulta na motivação intrínseca, porque utiliza o poder e o impulso dentro de cada pessoa para satisfazer quatro necessidades humanas básicas: 1) viver — a necessidade física de comida, roupas, abrigo, dinheiro, saúde; 2) amar — a necessidade social de nos relacionarmos com outras pessoas, de pertencer a um grupo, de amar e de ser amado; 3) aprender — a necessidade mental de ter um senso de propósito, congruência, progressão e contribuição; e 4) deixar um legado — a nossa necessidade espiritual de significado, realização, integridade, recordação e longevidade.

Tudo isso é fundamental para se sentir realizado. Na verdade, se uma ou mais dessas necessidades não forem satisfeitas, nós nos sentiremos incompletos. Qualquer necessidade não satisfeita reduz a qualidade de vida. Se você estiver endividado ou com a saúde debilitada; se não tiver alimentação, roupas e abrigo adequados; se estiver se sentindo alienado e solitário; se estiver mentalmente inerte ou se não tiver um senso de propósito ou integridade, sua qualidade de vida certamente será afetada.

Chave #2. Acordos de desempenho de ganho mútuo. Sugiro que esse processo de missão conjunta seja codificado em um acordo de desempenho de ganho mútuo, que esclareça expectativas em torno de papéis e metas. No acordo, você identifica *resultados desejados,* mas pode não especificar métodos e meios; define *diretrizes* ou princípios, porém inclui poucos procedimentos. Você relaciona todos os *recursos* disponíveis sem indicar à pessoa quais ela deve usar. Você define *padrões* de desempenho, medidas de acompanhamento, parâmetros de remuneração e *consequências*.

Esses acordos o afastam de uma orientação de "controle" para uma orientação de "liberação". Você dá às pessoas a flexibilidade de trabalhar produtivamente e exercer a iniciativa com responsabilidade. E você aproveita a criatividade e os talentos latentes, pois os funcionários não estão sendo supervisionados por gerentes e métodos, e sim por acordos que se baseiam em princípios.

Chave #3. Novo papel do líder. O novo papel do líder é de apoio, serviço, orientação e remoção de obstáculos. O líder frequentemente faz quatro perguntas básicas: 1) Como estão indo as coisas?; 2) O que você está aprendendo?; 3) Quais são suas metas agora? (à luz de como estão indo as coisas e do que você está aprendendo); e 4) Como posso ajudá-lo? Dessa maneira, evita assumir o problema e ao mesmo tempo se oferece como fonte de ajuda. A responsabilidade do líder é criar condições de confiança, definir acordos de desempenho de ganho mútuo, deixar que as pessoas governem a si mesmas de forma correspondente, e depois torná-las responsáveis.

Chave #4. Feedback de 360 graus. Os líderes, junto com todas as demais pessoas na organização, submetem-se de bom grado ao feedback de 360 graus — recebendo uma avaliação anônima de seu desempenho dos colegas, das pessoas diretamente subordinadas a eles, dos clientes, dos fornecedores e de outros stakeholders. Esse feedback é ainda mais eficaz quando todo mundo sente que é regido pelo mesmo conjunto de padrões de desempenho e princípios básicos que atuam como uma constituição.

Chave #5. Autoavaliação e avaliação da equipe. Quando em uma missão conjunta, comandadas por líderes servidores, gerenciadas por acordos de desempenho e orientadas pelo feedback, as pessoas são mais capazes se avaliarem com relação aos critérios acordados no início. Constatei que as pessoas e as equipes autoavaliam-se de maneira mais imparcial, às vezes até com mais rigidez, quando já concordaram com condições delineadas em um acordo de desempenho de ganho mútuo.

O líder pode iniciar a avaliação de desempenho, mas um seguidor esclarecido também pode começar essa verificação aproximando-se do chefe e dizendo: "Esta é a maneira como eu gostaria de ser conduzido." Na verdade, uma pessoa proativa poderia antever os resultados que o chefe gostaria de ver, e até mesmo propor os critérios de avaliação de desempenho, evitando uma avaliação no contexto de "Eu sou Deus, e você chegou ao tribunal para ser julgado". As avaliações de desempenho feitas dessa maneira são artificiais, planejadas e alienantes. É por isso que a maioria das pessoas detesta avaliações de desempenho. Não conheço melhor exemplo de sangria nos dias atuais do que avaliações de desempenho realizadas por supervisores que julgam a performance usando a técnica do sanduíche — recebendo a pessoa com algumas palavras agradáveis, inserindo uma faca e torcendo-a um pouco, e falando ao final outras palavras agradáveis enquanto dizem que a pessoa pode se retirar.

Chave #6. Remuneração baseada no valor agregado. Em um ambiente de alto desempenho, caracterizado pela motivação intrínseca e acordos de desempenho de ganho mútuo, os indivíduos e as equipes podem até mesmo decidir a sua própria remuneração com base no princípio do "valor agregado". Constatei que, quando existe uma confiança elevada e um grande respeito pelos acordos de desempenho, as pessoas e as equipes são quem melhor pode decidir a remuneração.

Chave #7: Iniciativa. Sugiro que você e seu chefe cheguem a um acordo com relação ao nível apropriado de iniciativa. William Oncken identificou seis níveis: 1) esperar até que lhe digam para agir; 2) perguntar; 3) recomendar; 4) agir e informar imediatamente; 5) agir e informar periodicamente; e 6) agir por conta própria. Um acordo de performance poderá identificar diferentes níveis de iniciativa para diferentes tarefas.

Você poderia, por exemplo, estar no nível três ao tomar decisões de contratação, e no nível cinco ao fazer novas propostas de negócios e visitas de vendas.

Os níveis de iniciativa podem mudar à medida que a capacidade, a maturidade e a confiança aumentam. O importante é compatibilizar o nível de iniciativa com a capacidade do indivíduo. Se as pessoas tiverem uma aptidão muito baixa, porém um desejo elevado, elas precisarão de feedback, acompanhamento e orientação mais frequentes. No entanto, se você estiver lidando com pessoas maduras, elas poderão decidir a frequência com que desejam ter essas sessões. Por conseguinte, a frequência irá variar, dependendo do relacionamento, bem como do nível de confiança e de iniciativa.

CASOS OU LOCAIS DE MISSÃO CONJUNTA

Quando os líderes usam todas ou algumas dessas chaves, eles cultivam a cultura do alto desempenho com uma missão conjunta.

Participei recentemente de uma conferência de liderança em Bangcoc, na Tailândia, chamada Diálogo Asiático, na qual cerca de duzentas nações estavam representadas. Depois que fiz a minha apresentação, o presidente da Singapore Airlines fez a dele, apresentando argumentos contrários aos meus. Basicamente, ele tentou dizer o seguinte: "Isso tudo é idealista demais."

Posteriormente, perguntei a ele: "Você foi realmente sincero no que disse?"

Ele respondeu: "Não, mas me pediram para fazer um contraponto à sua apresentação."

Ele, então, me contou o que estava fazendo: "Nossas pesquisas de opinião junto aos consumidores mostraram que nossos comissários de bordo estavam sendo mal-avaliados por serem extremamente robotizados e mecânicos, insensíveis a ponto de acordar os passageiros para lhes dar a refeição. Precisávamos mudar nosso treinamento de programas e práticas para princípios. Ensinamos cuidadosamente o espírito e os fundamentos do serviço, e depois deixamos que eles os aplicassem dependendo das pessoas e da situação. As pesquisas agora mostram que estamos sendo mais bem-avaliados no item serviço e tendo custos mais baixos, porque custa menos treinar as pessoas sobre princípios do que treiná-las em programas e práticas."

Depois da minha experiência na Ásia e na África do Sul, e depois de me reunir com os líderes das nações indianas no Canadá e com outros da Índia, estou convencido de que a chave para o desenvolvimento econômico e o alto desempenho é a adesão ao princípio de autoliderança da proatividade (no qual as pessoas tomam a iniciativa, começam com o fim em mente, põem o que é mais importante em primeiro lugar, e aceitam a responsabilidade pelos resultados). Vi comunidades e até mesmo nações inteiras vicejando com o espírito empreendedor, fazendo com que o *apartheid* de todos os tipos se fragmentasse.

Vejo barreiras raciais, educacionais, sociais e econômicas desmoronando sempre que as pessoas e equipes se libertam do sistema de castas corporativo. Vejo novos líderes serem escolhidos por colegas que sabem melhor do que os membros da diretoria quem são as pessoas de visão, corajosas e que tomam a iniciativa. Finalmente, vejo o alto desempenho onde quer que a visão e a missão dos líderes correspondam à missão e às metas dos seguidores.

A missão conjunta libera o talento e a energia de pessoas confinadas em uma sociedade de "castas" e refreadas por sistemas obsoletos e burocráticos.

Este artigo foi publicado originalmente na revista *Executive Excellence* com o título "7 Keys to Performance". (*N. do E.*)

15. Fé no futuro

Stephen R. Covey
Novembro de 1996

Para ter sucesso hoje em dia, você precisa substituir o medo pela fé, os desejos por trabalho, promessa e potencial por caráter e competência. Por quê? Porque quer goste, quer não, você deve executar todos os dias uma espécie de ato de equilibrismo. Além disso, de acordo com as novas regras, é necessário fazer a sua apresentação sem uma rede de segurança.

Naturalmente, você poderá sentir medo de executar o seu número de equilibrismo se carecer da mentalidade, do conjunto de habilidades, de traços de caráter ou de características da cultura para levar a cabo esse ato. Por exemplo, se não houver um espírito de cooperação entre os membros de sua equipe — se, na realidade, alguns deles efetivamente competirem ou até mesmo nutrirem um ódio mútuo —, é improvável que vocês segurem uns aos outros no alto durante a apresentação.

As acrobacias executadas no alto requerem produtividade, visão, *timing*, confiança, habilidade, interdependência de ganho mútuo, empatia, sinergia e a plena aceitação de responsabilidade e risco pessoais (o pacote completo de *Os 7 hábitos*).

A ausência da rede de segurança também faz grande diferença no que você pode fazer. Para mim, a rede simboliza o tipo de seguros, redundâncias, títulos de crédito, endossos, garantias e outros dispositivos de segurança incorporados aos antigos empregos. Você precisa aprender a ter um desempenho excelente, de nível internacional, sem as bonificações, os benefícios e o merecimento que esperava das corporações, dos governos, das escolas e das famílias no passado. No futuro, poderá não haver nenhuma rede — ninguém ou nada para ampará-lo, ou mesmo "detectá-lo", caso você caia.

SEGREDOS DO SUCESSO NO EQUILIBRISMO

Com o desaparecimento de tantas garantias, como você poderá ter um bom desempenho sem sofrer um estresse desmedido na sua vida? Vejo três soluções.

1. Fabrique sua própria rede. Você precisa ter uma segurança interior suficiente (baseada no caráter e na competência) para enfrentar os desafios e as incertezas com tranquilidade e confiança.

Fabricar sua própria rede sugere não apenas trazer com você certo pacote de habilidades e conhecimento existentes, mas que também os expanda continuamente, satisfazendo novas necessidades enquanto se depara com elas diariamente. Se seu conhecimento e suas habilidades forem transferíveis, você nunca será obsoleto. Se não forem, pode esperar ser transferido.

O sucesso de ontem não será igual ao desafio de amanhã, de modo que você precisa começar a viver mais a partir de sua imaginação do que da memória. Isso requer a contemplação do futuro com fé e o esquecimento de alguns aspectos do passado. Continue aprendendo (por meio do estudo, da experiência e da fé) o conhecimento e as habilidades relevantes que o mantêm no topo de sua área.

2. Adquira as ferramentas necessárias para obter sinergia, e não apenas para contemporizar. Busque a atitude e as habilidades da empatia para resolver problemas, lidar com questões difíceis e melhorar os relacionamentos. Aprenda a celebrar as diferenças e procurar soluções de ganho mútuo.

Como a maioria dos indivíduos não teve muitos exemplos ou aconselhamento voltados para a sinergia, mostram sinais de imaturidade e insegurança quando lidam com a mudança e o desafio. Com essa tendência, por exemplo, abordam os outros e as situações com uma mentalidade de escassez. Pensam em termos de "ou você aceita o que eu digo ou pode ir embora", ou "é do jeito que eu quero ou simplesmente não acontece". Eles não pensam em termos de sinergia. A sinergia é proveniente de uma mentalidade de abundância que diz "há bastante, e até de sobra, para todos nós".

A maioria das pessoas e culturas é competitiva e tem uma mentalidade de escassez porque há muita incerteza e medo no mundo, de modo que as pessoas agarram-se ao que conhecem. No entanto, prender-se ao que é conhecido reduz a criatividade e a capacidade de interagir com sinergia.

As ponderações apresentadas em *Os 7 hábitos* podem ser parte do senso comum, mas esses hábitos não são uma prática comum devido às barreiras à aquisição de um novo conjunto de traços de caráter, de atitudes mentais e de habilidades. A verdadeira mudança geralmente segue esta sequência: ela surge do caráter, avança para o conjunto de atitudes mentais e, por último, para o conjunto de habilidades.

3. Mostre mais iniciativa. O novo estilo de trabalho requer que todo mundo tome a iniciativa e assuma a responsabilidade de agregar valor. A natureza do trabalho mudou: agora, em vez de *ter um emprego, você faz um trabalho*. Ou você agrega valor com uma contribuição significativa ou não tem nenhuma segurança.

Onde obter a segurança interior para lidar com o risco e a mudança? Sem caráter e uma competência de nível internacional, não haverá segurança. Você se verá ameaçado, ficará na defensiva e tentará se proteger. Ficará apavorado.

É possível alcançar a vitória particular substituindo o medo por fé e trabalho. Além disso, ao aplicar os hábitos da interdependência de ganho mútuo, da empatia e da sinergia, também obterá a vitória pública, o que fará com que você possa adicionar mais valor às equipes e às organizações.

Infelizmente, a maioria das pessoas tem muito mais capacidade, criatividade, talento, iniciativa e engenhosidade do que seus atuais empregos permitem ou requerem que elas usem.

Mesmo quando a mudança for uma constante, você pode ter um sentimento de confiança e segurança — conscientizando-se das necessidades e fazendo parte da solução. A capacidade de oferecer soluções, por meio dos seus talentos exclusivos, é sua nova fonte de segurança.

Pratique o princípio da proatividade. Escolha uma reação às circunstâncias da sua vida. Quem é ineficaz transfere a responsabilidade, culpando outras pessoas ou seu ambiente — qualquer coisa ou qualquer pessoa "lá fora". Se culpo você, na realidade eu o torno mais poderoso. Entrego meu poder à sua fraqueza. Em seguida, crio evidências que respaldam minha ideia de que você é o problema. As pessoas proativas dizem o seguinte: "Conheço minhas tendências; conheço os roteiros que existem em mim, mas não sou esses roteiros. Sou capaz de reescrevê-los. Não preciso ser vítima de condições ou condicionamentos. Posso escolher minha reação a qualquer situação e a qualquer pessoa." Na liberdade de escolher sua reação reside o poder de alcançar o crescimento e a felicidade.

Sugiro que você e seu chefe cheguem a um acordo com relação ao nível apropriado de iniciativa. William Oncken identificou seis níveis: 1) esperar até que lhe digam para agir; 2) perguntar; 3) recomendar; 4) agir e informar imediatamente; 5) agir e informar periodicamente; e 6) agir por conta própria. Um acordo de desempenho poderá sugerir diferentes níveis de iniciativa para diferentes tarefas.

Portanto, tome a iniciativa e entre em ação. A sua natureza básica é agir, e não simplesmente deixar que ajam sobre você. Ao escolher sua reação diante de circunstâncias particulares, você pode criar seu próprio futuro.

Este artigo foi publicado originalmente na revista *Executive Excellence*, com o título "Faith in the Future". (*N. do E.*)

Sobre a FranklinCovey Brasil

Focada na eficácia corporativa e pessoal, a FranklinCovey é uma empresa multinacional fundada por Stephen R. Covey, autor do best-seller *Os 7 hábitos das pessoas altamente eficazes*. Atua em mais de 140 países e possui 44 escritórios pelo mundo. No Brasil desde 2000, desenvolveu treinamentos para cerca de duzentas corporações, utilizando a metodologia alicerçada em princípios que transformam as organizações de dentro para fora, melhorando sua performance organizacional.

Consolidada no mercado brasileiro, oferece soluções que se baseiam na Liderança, na Execução, no Desenvolvimento de Alta Produtividade e no Gerenciamento do Tempo — ações que visam a quebrar barreiras comportamentais, propondo novos paradigmas, aprimorando as habilidades e fornecendo ferramentas essenciais para o desenvolvimento sustentável de indivíduos e organizações.

FranklinCovey Brasil Ltda.
Rua Flórida, 1568
São Paulo — SP
Telefone: (11) 5105-4400
Site: www.franklincovey.com.br

ATENDIMENTO AO LEITOR E VENDAS DIRETAS

Você pode adquirir os títulos da Best Business por meio do Marketing Direto do Grupo Editorial Record.

- Telefone: (21) 2585-2002
  (de segunda a sexta-feira, exceto feriados, de 9h às 18h)
- E-mail: sac@record.com.br
- Fax: (21) 2585-2010

Entre em contato conosco caso tenha alguma dúvida, precise de informações ou queira se cadastrar para receber nossos informativos de lançamentos e promoções.
bestbusiness@record.com.br
www.record.com.br

best.
business

Este livro foi composto na tipologia Palatino LT Std Roman,
em corpo 11/15, e impresso em papel off-set 75g/m² no Sistema
Cameron da Divisão Gráfica da Distribuidora Record.